做最有影响力的图书

中国出版集团　研究出版社

HUMOR
AND
ELOQUENEC

永远别放弃做个有趣的人

幽默与口才

瞬间赢得他人好感的口才艺术

黎 夏 ◎著

中国出版集团　研究出版社

图书在版编目（CIP）数据

幽默与口才：瞬间赢得他人好感的口才艺术 / 黎夏
著 . -- 北京：研究出版社，2017.5
ISBN 978-7-5199-0065-6

Ⅰ . ① 幽… Ⅱ . ① 黎… Ⅲ . ① 幽默（美学）—口才
学—通俗读物 Ⅳ . ① H019-49

中国版本图书馆 CIP 数据核字 (2017) 第 094619 号

幽默与口才：瞬间赢得他人好感的口才艺术

作　　者	黎　夏	
责任编辑	寇颖丹	
出版发行	研究出版社	
地　　址	北京市东城区沙滩北街 2 号中研楼	
邮政编辑	100009	
电　　话	010-64257481（总编室）010-64267325（发行部）	
网　　址	www.yanjiuchubanshe.com	
电子信箱	yjcbsfxb@126.com	
印　　刷	北京市玖仁伟业印刷有限公司	
开　　本	880mm×1230mm　1/32	
印　　张	7	
版　　次	2017 年 6 月第 1 版　2017 年 6 月第 1 次印刷	
书　　号	ISBN 978-7-5199-0065-6	
定　　价	32.80 元	

目 录

contents

★ 幽默是潜在的一种智慧

作家王蒙曾说过："幽默是一种成人的智慧，是一种穿透力，一两句就把那畸形的、讳莫如深的东西端了出来。既包含着无可奈何，更包含着健康的希冀。"

那么幽默到底是什么呢？它其实是一种智慧。它是人类智慧文明所产出的一种语言上的才华和力量。

幽默是人际关系中的润滑剂，可以缩短人与人之间的距离，是一座沟通的桥梁。它可以给他人带去快乐，也可以帮助自己减轻负担和压力，它以一种快乐的方式来传达出思想的真诚。幽默的力量强大且不可忽视。

和单纯的类似于小丑耍活宝所带来的笑声不同，幽默是建立在思维智慧的基础之上所表现出来的一种沟通方式，用风趣的语言来表现自己的智慧，既表达出了中心思想又不单调乏味。

幽默有如下两个代表性特点：

1. 要有趣味性

幽默不是一味讽刺和调侃，在增加笑点和趣味性的同时，还要注重他人的感受，而不是一味用幽默言语让自己

畅快，一味讽刺的幽默反而会起到不良的效果。

2. 要有意义

幽默要像醇酒一样，持久而醉人。通过自身的一些生活体验、富有想象的思维有素养的表达能力和积极乐观的心理状态，体现出智慧的幽默。

丘吉尔，被人们列为 20 世纪最重要的政治领袖之一，他不仅仅是第二次世界大战反法西斯阵营的领导者之一，还曾经连任过两届英国首相。他于 1953 年荣获诺贝尔文学奖。他有多种身份，演说家、作家、记者、历史家、画家，他还是一位幽默大师。他经常用幽默的言语、机智的思维来捍卫自己祖国的尊严，化被动为主动。

一次，萧伯纳发电报邀请丘吉尔去看他的新剧本演出。电报上写道："今特为阁下预留戏票数张，敬请光临指教，并欢迎你带友人来——如果你还有朋友的话。"丘吉尔看后回复道："本人因故不能参加首场公演，拟参加第二场公演——如果你的剧本能公演两场的话。"

由此可以看出丘吉尔拥有并善于运用幽默的智慧。无论是在生活里还是在政治事件中，丘吉尔都能够运用幽默轻松应对。一个善于运用幽默的人同时也一定是一个具有很强个人魅力的人，他能够把自己的力量融入到幽默的智慧中去表达出来，他也必然能够轻松从容地应对各种困境。

在阿拉曼战役打响之前，丘吉尔召见了蒙哥马利将军，希望他能够仔细研究一下逻辑。而蒙哥马利是一位久经疆场的将军，并不擅长这种逻辑命题，便推脱道："首相先生，你知道，有这样一句谚语：了解和亲昵会产生轻蔑。也许我越是研究逻辑，便会越加轻视它。"

丘吉尔放下烟斗并对蒙哥马利说："不过我要提醒你，没有一定程度的了解和亲昵，什么也不会产生出来。"

丘吉尔最后还是用这种直接并幽默不伤人的方式说服了蒙哥马利。无论发生什么样的事，丘吉尔都会以一种幽默的方式来表达自己的思想并良好地与人沟通，而不是用暴躁的情绪来对待人或物，这种机智的幽默精神不仅让他赢得了下属的信任和尊重，也使得丘吉尔的影响力在身边迅速扩散壮大。他曾经两次被选为英国首相，直到现在依然被人们尊称为20世纪最重要的政治领袖之一。

那么我们自己在日常生活中，是单调无趣墨守成规，还是以幽默的态度来面对每一天的挑战呢？幽默不是字面理解的单纯搞笑，它是一种智慧的表达形式，是人际交往中不可或缺的润滑剂，是对人生和生活的一种积极的态度。幽默可以增进人与人之间的距离，消除不必要的嫌隙。幽默是生活中的一米阳光，照亮灰暗的角落，给你的人生带来温暖和煦。

★ 幽默能给语言增添色彩

幽默体现了人类的智慧，也是一种语言上的艺术。语言的形式有很多种，例如喜剧、相声、小品等，他们都能通过各自的形式使人发笑使人身心愉悦，也表现出了语言的艺术性。

老舍先生说过：幽默文字不是老老实实的文字，它运用智慧、聪明与种种搞笑的技巧，使人读了发笑、惊异，或啼笑皆非，或受到教育。

在这些语言艺术中，表达方式更是多种多样，有夸张、对比、联想等。他们能够把个人的智慧与喜感联系起来。幽默的语言可以让人心情愉悦，对生活充满热爱和向往，更会让人时刻保持着一颗乐观的心。

在某所大学，有这样一位大学教授，他上的每堂课听课的学生几乎都是爆满，甚至有时候人多得教室里装不下，还有学生站在走廊里听。有人会说这个老师的课一定极其重要，其实不然，这位教授教的是植物学，在大学里属于偏冷门的科目。那么为什么学生们都愿意来听这位教授的课呢？原因是这位教授讲课并不是一板一眼，他的讲课风格风趣幽默，课堂气氛轻松欢快，使得来听课的学生们不仅仅学到了专业性的知识，还身心愉悦，乐在其中。

一次，教授带着自己的学生们去进行野外实习，对于平时都待在课堂里的学生们来说，很多植物都是他们没有见过的，于是学生们逐一向教授求教，教授也都细心地为学生们解答。有个同学崇拜地对教授说道："老师，您真厉害，感觉您知道的真是太多了，什么植物都难不倒您。"教授听后笑着回答道："现在知道我为什么要走在你们前面了吗，我要抢在你们前面把不认识的植物都踩掉，这样就没有植物能够难倒我了。"学生们听了这个回答后都哈哈笑了起来。

其实教授只是和他的学生们开了一个小小地玩笑，表现了下幽默，但是这却深深吸引了他的学生们。传授知识本是一件严肃又复杂的事情，但是教授却在这个过程中掺入了幽默的因素，让学生们对知识产生兴趣，也让教授自己深受学生们喜爱。

善于表达幽默的人会有分寸地抓住每个有趣的事件，通过幽默独有的言语和肢体动作等方式表达出自己所想要表达的中心思想，使人们更容易去接受和采纳。幽默是人与人之间关系的调和剂，幽默能够让你成为人群里最耀眼的那一个。

而幽默的例子在古时候也有特别经典的事例，例如苏东坡和苏小妹的故事。

苏东坡长了满脸的胡子，苏小妹曰："口角几回无觅处，忽闻毛里有声传。"

苏东坡看见苏小妹的额颅凸起，于是笑曰："未出庭前三五步，额头先到画堂前。"

苏东坡的下巴很长，于是苏小妹又嘲笑道："去年一点相思泪，至今未流到腮边。"

苏小妹的双眼稍微有点往里面眍，苏东坡看到说："几回试眼深难到，却留汪汪两道泉。"

苏小妹嘲笑苏东坡满脸的胡子等缺点，而对于苏小妹的嘲笑，苏东坡没有生气，反而用苏小妹的缺点来嘲笑反击她，他们这种嘲笑并不是真正意义上的嘲笑，而是善意的开玩笑的嘲笑，这种掺杂了幽默在其中的嘲笑不仅给他们的生活增加了调剂品，还增进了兄妹之间的情谊，百利而无一害。

幽默的魅力在于，使人和人之间的交往交谈增加趣味性，还能拉近人与人的距离。幽默不仅仅能使人开怀大笑，还可以勾起他人的谈话兴趣，使人与人之间更容易沟通。

幽默可以为你的语言增添色彩，让表达者可以充分表达自己的观点，同时勾起其他人的共鸣，并且不会引发他人对于话题的反感或是距离感。

★ 幽默能表现思维的机智

幽默不是单纯意义上的搞笑，而是要在其中掺入你自己的智慧和灵活的思维来做引导。那么究竟该如何利用幽默来帮你化解生活或是工作中会遇到的困境和难题呢，马克·吐温是这样做的。

一次马克·吐温入住一家旅店。在此之前有人曾经告诉马克·吐温这里的蚊子相当厉害。他在旅店前台做入住登记的时候恰巧一只蚊子飞了过来。马克·吐温说道："早就听说这里的蚊子和其他地方的不同，这里的蚊子很聪明，果不其然，这只蚊子竟然知道提前来查看我要预订的房间号码，以便晚上的时候它能够对号光临，大餐一顿。"

旅店老板听后不禁莞尔。出人意料的是，那一晚马克·吐温睡得特别的好，没有一只蚊子来打扰他，原来在登记时，马克·吐温用这个小幽默来提醒老板做好防蚊工作，于是旅店便在马克·吐温入住前就对房间进行了防蚊处理。

聪明的人懂得在自己想要表达的言语里加入幽默的元素，也能够听出其他人的话中之意，在古往今来的例子里，都告诉我们这样一个道理：懂得幽默的人会让自己更加受欢迎。马克·吐温就是利用语言上的幽默帮助自己化解了生活中的小麻烦，而人们也愿意和有幽默感的人交往和沟通，所以善于运用幽默会帮助你在陌生的环境中更加游刃有余。

宋朝的欧阳修，是一位著名的文学家和史学家，并且精通诗词。当时有一位不知名的秀才，不过读了几本唐诗，能够吟出那么几句打油诗，就觉得自己特别了不起，跑去

找欧阳修一试高低。有一天，他来到一条河边，看见水里游着一群鹅，就随口胡乱吟道："远望一群鹅，一棒打下河。"这两句吟完便再无下文，碰巧这时欧阳修从旁边路过，听这位秀才吟完两句后，补充后两句道："白翼分清水，红掌踏绿波。"秀才不知此人正是欧阳修，便道："不想兄台也能吟两句，那么我们便一道去拜访欧阳修吧！"语罢，二人来到了渡口，同上一艘小船。

秀才又吟道："诗人同上船，去访欧阳修。"

欧阳修听后道："修已知道你，你还不知修。"

秀才这个人既没有真实学问，又自命清高，以为自己肚子里那点墨水就可以把自己称为诗人，并和欧阳修相提并论，其实他不过是个什么都不懂的人而已。而欧阳修借这首诗机智幽默地讽刺了秀才，欧阳修诗词里你还不知修的"修"和"羞"同音，一语双关，而秀才并没有听出其中的讽刺意味。

学会运用幽默很重要，学会听懂他人的幽默也很重要，这样才会让你时时处于不败之地，做一个能运用幽默来表达和倾听的人，才可能成为一个机智聪慧的人。

★ 幽默可以提升自身修养

幽默的语言可以反映出一个人的思想行为和思维的敏

捷度，它不是单纯意义上的搞笑行为，而是由思想来支配的一种行为艺术，它是经过时间推移后所产生的经验以及精神产物，幽默的人不一定是天生就会幽默，而是通过后天的磨合和锻炼所产出的结果和经验，算是自身修炼的一个过程。一个人如果不懂得幽默，就算口才再好也不一定能赢得周围人的青睐，只有学会幽默地去表达自己的思想才会让事情变得更加容易，让自己更受欢迎。

很多人在与人沟通的时候喜欢针锋相对，别人说什么他都要反驳或是讥讽一番，总是和别人说相反的话，这样做自身得不到任何好处还引人反感，这是非常不好的一点，而恰恰很多人在与人沟通的时候都会犯这样的毛病，有些人在表达的时候往往把这种针锋相对变成了一种习惯而不自知。造成这种习惯的原因归根结底是源于自身不愿意听取周围人的意见，总觉得他人都不如自己，以自我为中心，事事都要和别人争一争。而这样的人，会逐渐受到周围人的孤立，别人是不愿意给他过多的意见的，对自己根本没有好处。解决的办法唯有学会尊重他人，并虚心听取别人给的意见。改善自己以往所习惯的认知。因为每个人都不会永远是正确的，而别人给的忠告也不一定都是错的，反而很多时候是对自己有益的，要学会把两者的意见综合起来考虑和衡量，最后分辨出谁说的更有道理，更值得借鉴，再做定论。

　　纪伯伦说过这样一句话：大智慧才算得上一种大涵养，只有有涵养的人才善于学习，而我可以从健谈的人身上学习到静默。由此可见，幽默的语言属于一种交际才能，它是语言和风度表现的双重体现。

　　美国有一位口才很好的油画大师和版画大师，叫作惠斯勒，最开始他一直以帮人画肖像来维持生计，在为别人画肖像的时候，他从来不把别人的缺点隐藏起来让客人高兴，反而是不加修饰地画出来，这使很多人对此颇为不满。

　　有一位客人在惠斯勒画完之后，盯着自己的画像看了半天，不高兴地对惠斯勒说："你说这画算是一幅艺术品吗？"

　　惠斯勒听后冷笑道："你说你能把自己称为一个人吗？"

　　惠斯勒的意思是他自己本身就长得这个样子，还要让别人帮他美化得完美无缺，岂不是可笑全极，他用反讽来让对方无言以对。而真正的完美和修养是不需要靠外在的表现和修饰来体现的。

　　幽默语言的修养，是指一个人的内在胸怀和情节，是慢慢修炼出来的，而不是单纯地靠外界的修饰和掩饰来做出假象的修养。一个人在拥有幽默的语言艺术的同时，还要真正认识自己的内心，保持内外一致，要深刻的了解自己，这样才能清楚地知道自身的优点和弱点以及缺点。这样对自己以后无论是生活中还是工作中都是百益而无一害的。

政治家富兰克林拥有一副很好的口才，也很重视语言修为。年轻的时候富兰克林曾经为自己做了一张表格，表格上明确列出了他想要改善自己的美德。这样一直坚持着，果然有了很大的改善，在这以后富兰克林又发现了一种有关语言艺术方面的需要改善实行的美德，他说："我在自我完善的计划里，最初想做到的有二十种美德，但是有一天一位朋友对我说，大家都认为我太过于自傲，因为我的骄傲总是在我的言谈中流露出来。在辩论某一个问题时，我会固执地满足我自以为正确的主张和想法，并且时常会表现出对别人的蔑视。我听了朋友对我说的这些，马上就想要把这个缺点改正掉。所以，我在我的表格的最后一行上加入了这一条——虚心。没过多长时间，我发现这样改变让我受益很多，事实告诉我，不管在什么地方，如果用谦虚的态度和方式来表达自己的意见，别人就会比较容易接受，而且成功率很高，如果自己的意见是不正确的，那么也不至于下不来台。"就是坚持着这种对自己的反思完善以及自身修养，使富兰克林后来成为了美国一位有名且受人尊敬的伟大的政治家。

由此可见，注重自身的语言口才修养是一件很重要的事，对自身有益，对他人也是有益的，而心理表现上的这种自我完善和语言的修养也会让你更加有魅力，更加有内涵。

★ 幽默代表一种人生态度

幽默代表着一种人生态度，学会在生活里运用幽默的人内心会更加强大，更加豁达，不会因为别人对自己的误解或是莽撞而产生抱怨，也不会被生活中的挫折而打倒，生活对于他们来说是美好的，充满阳光的，有句俗语说：生活不是缺少美，而是缺少发现美的眼睛。幽默对于他们来说就好像发现美的眼睛，帮助自己身心获得愉悦，也让身边的人多了很多的乐趣和快乐。

大家都知道启功先生是中国有名的书画家，却很少有人知道他年少时的坎坷经历。启功先生1岁时父亲便去世了，他和他的母亲由他的祖父代养。而在启功先生十岁的时候，他的祖父也去世了，后来家里很贫穷，没有钱再供启功读书，在他祖父门生的帮助下，启功勉强上了中学，却并没有毕业。启功性格坚强，不想要因为自己再去拖累其他人，于是决定辍学自己谋生，他祖父的一位门生，人称傅增湘先生把他介绍给了辅仁大学的校长陈垣，后陈垣透露，启功的两次工作都被炒掉了，原因是没有文凭。启功并没有因此而气馁，他一边靠卖字画为生，一边自己学习，最后终于进入了辅仁大学，找到了一个职位，后来在陈垣校长的提拔下，有了很大的进步。

　　在这些人生经历的磨砺下，启功先生不仅仅在艺术上取得了大的成就，在心境上也变得特别豁达，浑身充满着豁达洒脱的气质。

　　启功先生成名以后，很多人模仿他的字迹在市面上来卖。有一次启功和朋友在街上走着，路过一家专卖名人字画的店铺，朋友开玩笑对启功说道："我们进去看看如何，看看有没有你的字画。"启功也很好奇，于是便与朋友一起进入到了这家店铺，进去后果真看到了标有启功的字画，模仿得很是逼真，连启功的朋友都分辨不出真假，于是问启功道："启老，这是你写的吗？"启功微笑着答道："比我写得好，比我写得好。"众人听后都开怀大笑起来。就在这个时候又有一个人进入了店铺，大声问道："我有启功的真迹，有人要吗？"启功听后说："拿来我看看。"于是那人便把字迹递给了他，这个时候，启功的朋友问卖字画的人："你认识启功吗？"那人理直气壮地说："当然认识，他是我的老师。"启功的朋友于是问启功："启老，你认识这个学生吗？"卖字画的人一听方知露了馅，满脸写着尴尬和不知所措，说道："实在是因为生活困难才出此下策，还望老先生高抬贵手，饶了在下。"启功宽厚地笑道："既然是为生计所害，仿就仿吧，但是千万不能仿我的笔迹写反动的标语啊！"卖字画的人赶紧低头道："不敢！不敢！"启功听后便走出了这家店，随行的朋友跟了上来对启功说："启

老，你怎么就这样走了？"启功半笑道："不这样走，还准备把人家抓起来不成？人家用我的名字，说明人家看得起我，再说，他一定是生活太过艰难而缺钱，如果他来找我借，我不是也得借给他吗？以前的文征明、唐寅等人对于仿造他们字画的人也是不加辩驳，而且还在仿品上题了字，让生活困苦的朋友能够多卖些价钱，古人都能做到如此大度，我这也算不了什么。"

启功先生并没有因为年少时家境生活的困苦而对生活失去希望，反而用一颗坚韧不拔的心去对待并走好以后的路，最终过上了自己喜欢的生活。

★ 幽默的人生会更加快乐

曾看到过这样一则寓言，说德、法、俄三个国家的人聚在一起讨论究竟什么是"快乐"。

德国人说："快乐就是每天辛苦地完成所有的工作以后，躺在家里舒服的沙发上，喝着啤酒看球赛。"

法国人这样说："快乐是在周末的夜晚，与你心仪的金发女郎，共度一个浪漫的夜晚……"

这个时候，俄国人说："真正的快乐是在深夜里，你忽然听到一阵急促的敲门声，打开门后发现是一群警察站在门外，他们拿着枪指着你说，'格拉吉夫，你被捕了，而你告诉他们,'格拉吉夫住在隔壁!"

快乐其实很容易,而幽默会为你的快乐增添更多的色彩。

幽默不仅仅是生活态度的一种表现,也是让别人感受到快乐的催化剂。幽默的意义就在于利用自身的表现和言语使其他人感到快乐,而其中不会掺杂任何痛苦和不快乐因素,否则都算不上真正意义上的幽默。若想要变得真正幽默,首先要保持自己内心的愉悦,再来通过这种自身的情感去带动其他人变得快乐。

一家电视台邀请了一位老人去做节目的临场嘉宾,老人所有的讲话都是即兴发挥的,但是不管什么时候,老人的话总是让人听起来非常舒服,一点都不矫揉造作,台下的观众们听着老人略带幽默的语言也都笑了起来,后来台下的一位观众问老人家:"您这么快乐,一定是有什么特殊的快乐秘诀吧?"

"没有的",老人回答,"我并没有什么特殊的快乐秘诀。我能保持一颗快乐的心的原因很简单,就是我每天起床的时候我都有两个选择——快乐和不快乐,不管我是否快乐,时间还是会不断地流逝,并不会改变什么,那么我为什么还要让自己变得不快乐。如果非要说秘诀的话,那这就是我的快乐秘诀"。

生活中的快乐和不快乐全在你自己的一念之间,没有人非逼着你去选择不快乐,让你不快乐的反而恰恰总是你

自己，与其不快乐地自怨自艾，倒不如选择快乐地活着，这样你的生活也会因此充满阳光。

幽默是在娱悦自己的同时也带给别人快乐，而不是把自己的快乐建立在别人的痛苦之上，那就不是真正的幽默。

一位农民挑着两筐西瓜进城去卖，在十字路口遇到了红灯，农民没有停下来而是继续走过，这时候一位交警走了过来，对农民说："阿伯，红灯亮了，您现在不能过去，要等它变颜色之后才能走。"

农民抬头看看红灯，说："灯在上边亮着，我在下面走，不碍事的。"

这位农民伯伯卖完西瓜后走进了一家商店，碰巧商店里的钟走到了十点半那里，于是钟声响了起来，"当"的一声吧农民伯伯吓得一个哆嗦，于是他赶快对店员说道："这可不是我敲的，不是我敲的。"

很多人会把这个小故事当作幽默来看，这其中蕴含着无知，但是把无知当作幽默其实不是真正的幽默，只是单纯的嘲笑，也是不公平的，我们应该设身处地的去理解他们，而不是用我们以为的幽默方式去嘲笑。这并不是幽默的本质。

第二章

让交往的
气氛活跃，彰
显人格魅力

★ 跳跃思维幽默让交往氛围更活跃

在台湾有一位知名艺人，他可以称之为台湾娱乐界的主持天王，同时也是一名搞怪谐星，他就是吴宗宪，他的幽默语言给人留下很深的印象，在他的幽默里面体现出的是他的跳跃性和超逻辑思维，很多时候不按常理出牌，并引得台下观众连连发笑。

吴宗宪的幽默总是出人意料，在你猝不及防的时候丢给你一个笑点，观众看得痴迷，他也享受其中，他会将很多没有关系的人或事物联系到一起，或是有意出一些小差错，为观众带来听觉和视觉上的享受，而用这种跳跃性的思维来引导观众，效果相当好，不仅为观众增加了笑点，也为节目增加了亮点。

吴宗宪在主持节目的时候会运用很多的表现手法，例如谐音、一语双关等等。总是让人出乎意料，却又乐在其中。而这些搞笑背后并不是毫无意义的单纯搞笑，往往是利用幽默的语言和效果来表达和讽刺一些不正之风，给人们带来深思。

用幽默的语言来表达思想有很多种用途，会让人们更

加能够接受你想要表达的意思，如果一味一本正经、一板一眼地阐述事情，或许并达不到你想要的效果，有时候还会引人反感。

我们截取吴宗宪在节目里和他的主持搭档阿雅的一段对话：（宪哥即为吴宗宪）

宪哥很认真地问一个14岁的小女孩："老师讲课的时候听不进去，割自己的手啊？"

阿雅："如今的国中生都很能耍帅。"

宪哥："我已经有孩子了，让我来说两句可以吗？"

阿雅："没问题。"

宪哥面向小女孩严肃地说："小妹妹，上课你怎么能这么做呢？竟然割自己的手，要发泄就割同学的嘛。"

就是这样一句稍带调侃的话让原本有些严肃的气氛活跃了起来，所有人都哈哈笑起来。吴宗宪急转的话锋让所有人都措手不及，大家本以为吴宗宪会以一个父亲的口吻来教育小女孩这样是不对的，而通过这个小调侃，也让小女孩减轻了很多心理上的负担，让小女孩更能接受而不至于抵触。

在现代人的生活里，人们习惯了一成不变的生活节奏，规规矩矩，井然有序，但是时间久了会让人产生一些惯性思维。很多时候面对一件事情我们换一种方式去思考和处理，往往会有更好的效果。由此可见，幽默在生活中是不可或缺的一种调剂品，它可以让我们的生活更加的丰富多彩，充满阳光。还有一次吴宗宪是这样和嘉宾互动的：

宪哥："请问你的职业是什么？"

嘉宾："在丧礼上表演乐曲。"

宪哥："那你是在灵柩旁边演奏吗？"

嘉宾："是的，紧挨着灵柩。"

宪哥："那你是否达到让灵柩里的那位站起来表示感谢的水平？"

吴宗宪把不能放在一起来相提并论的话语用幽默的方式巧妙地融合在一起，让观众捧腹，让气氛活跃。

幽默的力量很强大，就看你如何去运用它，你运用得恰当，它就能成为你成功路上的助推剂，它能够让本来可能剑拔弩张的关系得到良好地缓解，它能帮你轻松应对尴尬的局面，它能让陌生的人或事对你产生不抗拒因素最后帮你达成目标。它的用途很多，就看你如何去驾驭它。

★ 幽默能带来更多的人格魅力

在生活中我们总会遇到这样或是那样的难题，让我们很头疼，那我们不妨试试运用幽默的方式来解决，效果就会变得很好而且很容易达成。

很多事实能够证明幽默在我们的生活中起着举足轻重

的作用，它会深深地影响我们的生活。大家也都会喜欢有幽默感的人，幽默的人很容易和周围的人愉快地相处，并能很快熟络起来，所以说幽默的人同时具有很强的吸引力，让周围人对他产生兴趣。

蔡康永也是一个著名的娱乐主持人，他曾说过这样的话：有幽默感的人，往往都有好的人缘，因为大家觉得和他在一起，处处都是快乐、开心，甚至走路都是笑料频发。

他一语道破幽默的玄机，他告诉我们幽默不是武器，而是生活里不可或缺的特色调味剂。

幽默可以带动思维运转，从而带动话题。而有一些笑话就不会很好地带动话题，甚至还会让人反感，让气氛尴尬。所以，说话要有技巧，幽默也要讲究方法，要适时适地，这样才会产生好的效果。

有一次在节目中，蔡康永这样和侯佩岑开玩笑：

佩岑一个人在沙漠里行走，遇到了一个仙人掌，佩岑问道："你在做什么呢？"

仙人掌没有搭理她。

她又接着问："你为什么不理我呀？"

仙人掌依旧毫无反应。

最后，侯佩岑愤怒地大声吼道："你究竟在干什么呀？快说话！"

这时候，仙人掌终于缓缓地转过头来，淡定地回答：

"我在做针灸治疗啊。"

这个小笑话看似很冷，现场的反响却很好，观众们看得都很开心。把嘉宾想象成小笑话的主人公，让观众觉得不陌生，让观众没有距离感。

幽默是人的思想、智慧和语言艺术的综合产物，可以提升我们的个人魅力，幽默用搞笑的形式把看似表面复杂、难处理的事情以一种轻松、搞笑、简单的方式表达出来，让听众捧腹、感兴趣，让表达的人也魅力尽显。

★ 幽默让你在人生中处于主动

有句俗语说：七分本事，三分机遇。在现在这个充满竞争和压力的社会里，机会对我们来说相当重要，你把握住了身边的机会，就代表着你把握住了人生的机遇，人生的主动权就在你的手里。机会的每一次来临，都是稍纵即逝的，很容易就错过了，所以需要我们时刻准备着，当机会来到你的身边的时候你就能把握住。那么要如何把握机会，很多时候，机会都可以通过幽默诙谐的沟通方式来获得。在走向成功的过程中，幽默的语言沟通是很重要的不可缺少的元素之一。幽默的人会给身边的人带来快乐，同时给自己带来好运。

在一家医院有这样一位牙医，他的语言诙谐有趣，在

幽默的同时还会把专业知识给你讲得很透彻，这样的语言风格让这位医生在医院里受到了同事、领导以及病人的一致好评。如果你再候诊的时候，你经常可以听到类似这样有趣的对话：

"先生，您的嘴巴可以不用张得这么大！"这位牙医对病人说道。

"你不是说要看看我的臼齿吗？"病人回答道。

"是啊！可是我只不过是在外面看啊！"这位医生一本正经地回答道。

医生的言外之意是我总不能把头伸到嘴里面去看吧，就是这样的一句话，让外面候诊的病人都捧腹大笑，也缓解了病人看病的那种紧张的心理。

还有一次，一位宝宝的乳牙长得七扭八歪，他的母亲很是担心，怕影响孩子的成长，于是这位年轻的母亲抱着自己的宝宝来找医生看牙齿。

牙医看了看宝宝，对这位年轻的母亲说道："嗯，这个孩子长大后会是个大人物！"

年轻的母亲笑着对医生道："医生，你怎么知道呢？"

牙医又对年轻妈妈说："你看着，我假装替他拔牙！"

于是，牙医假装拿着拔牙的工具要给小宝宝拔牙。而小宝宝则以为医生要和他一起玩，便咧开嘴笑了起来。

年轻的妈妈看着自己的孩子说道："你看他像个小呆子，

什么都不知道！"

牙医笑着说："所以说啊，我说他以后会是一个大人物啊，因为他知道我是要假装给他拔牙，所以他就用装聋作哑来对我。"

就是因为牙医的这种幽默，使得他深受医院领导喜爱，并且能够很好地处理医生和患者之间的敏感关系，院长特此把他提为副院长。而现如今的社会，不论你处在哪一个工作环境里，都会存在竞争关系，这是必然的结果。而牙医只想好好当个牙科方面的专业医师，并不想要当这个副院长，只是碍于院长的提拔，才兼任这个副院长的职务，医院里每年要进行院内改选，牙医不想再连任副院长这个职务，便想趁这个机会来退出竞选。

可是就在医院内部改选这一天，牙医本来是要提交退选申请的，但是在该职务上想要与他竞争的那个人，总是对牙医进行一些不好的人身攻击，例如，说牙医的行政能力不足等，并在最后的阐述中下结论说："我认为他在工作中犯了很多的错误。"便下台了。

而轮到牙医阐述的时候，牙医是这样说的："我是犯了一个错误！"在听到这句话后，在场的人都大为吃惊，在他们的思维定式里，面对这样直接的质疑和定论，牙医一定会做一些反驳的，却没想到他第一句话就承认了。

可是牙医还没有说完，他继续说道："本来我今天是要

提交退选申请的，但是我现在发现我这个想法是错误的。"

台下的人听完后，都笑了起来，不再理会之前那位竞争者，而是给予牙医雷鸣般的掌声。

由此可以看出，牙医并不是单纯的智慧幽默，而是在幽默里融入了自己的智慧，不用任何的肢体接触，单单用大脑就把竞争者打得体无完肤，幽默的语言是门艺术，只有把这门艺术学精通，运用到炉火纯青，才是真正的强者。

★ 幽默是人际交往中最佳的一张名片

幽默不单单体现人类的智慧，更代表着一种洒脱、随性、豁达的生活状态和方式。善于表达的人总是会注重人与人之间的交往礼仪，给初次见面的人一份见面礼，或是留下一个好印象，以增加别人对自己的好感度。而在诸多的见面礼中，幽默的语言和修养，无非是最有价值，最能体现自身魅力的，相比那些物质的礼物要贵重和有用得多。如果在首次见面就能让自己充分在他人面前展现最好的一面，就会让他人更容易记住你，并对你消除陌生感，让你充分展示自己的人格魅力。

威尔逊是美国前总统，他就是一位相当幽默风趣的人。他时常在别人面前调侃自己，所以，有威尔逊总统出席的场合，一般来说气氛都会很轻松，很融洽。在他首次担任新泽西州的州长时，曾经参加了某个社团举办的一个午宴，午宴开始，宴会的主席向大家介绍道："威尔逊将成为未来的美国大总统！"当然，那时的午宴主席并不知晓威尔逊真得会成为未来的美国总统，当时只是单纯地表达对威尔逊的赞美。在主席讲完话以后，威尔逊登上了讲台，在简短的开场白之后，威尔逊这样对台下众人说道："我希望自己不要像从前别人给我讲的故事中的人物一样。"紧接着，威尔逊为台下讲了这样一个故事："在加拿大，一群游客正在溪边垂钓，其中有一个叫作约翰森的人，大着胆子饮用了某种具有危险性的酒，还喝了不少，然后就和同伴们准备搭火车回去了，可是他并没有搭乘北上的火车，反而坐上了南下的火车。同伴们十分的着急，就给南下的那趟火车的列车长发去电报：'请将一位名叫约翰森的矮个子送往北上的火车，他已经喝醉了。'很快，他们就收到了列车长的回电：'请将其特征描述得再详细些。本列车上有 13 名醉酒的乘客，他们既不知自己的姓名，也不知道自己的目的地。'"

"而我威尔逊，虽然知道自己的姓名，却不能像你们的主席先生一样，确知我将来的目的地在哪里。"

台下的客人听完威尔逊这番发言后，都哄然大笑，被威尔逊自己调侃自己的幽默风趣所感染，现场气氛很是活跃。

★ 幽默是弱化陌生感的最佳方式

在现代社会中，我们总是不免要和各种各样的陌生人交往，如果想要和陌生人变得熟络起来，学会和陌生人的相处之道，首先需要学会客服陌生的恐惧感，先把恐惧打败，再学会主动地和陌生人交往和沟通，并向陌生人展示自己优秀的一面。这个时候我们就需要利用幽默来弱化和陌生人之间的陌生感，用幽默来拉近和陌生人之间的距离，并运用幽默来和陌生人进行良好的互动。

所谓善于交际的人，无非就是能够在一群陌生人之中很快地找到自己的位置，并融入他们，良好地和他们交往和互动。如果两个不认识的人想要互相认识和了解，那么如果对方主动和自己说话或是示好，那么接受的那一方便会觉得这种感觉让自己很轻松，并且很快开始和对方变得熟络起来，而其实和对方先开始说话或是示意并没有那么困难，可见，和陌生人交往的过程中，主动出击能更好地掌握主动权，而且主动并没有想象中那么艰难，主动要比被动轻松得多。

当我们面对陌生的事物或是人，很多时候心理上都是有一些抗拒的，而产生这种抗拒的原因很大一部分来源于内心的不自信，也可称之为自卑，那么我们若想克服这种社交恐惧，就要首先克服自己的自卑心理。如果你总是在和别人的交往中觉得很自卑，那么做起事来也会畏首畏尾、缩手缩脚，也自然很难得到别人的赏识。那么究竟应该如何来克服这种社交恐惧呢？

首先就是要学会认可别人，称赞别人，如果一个不熟悉的人和你在一起，你的称赞和认可就会让对方觉得和你在一起感觉很轻松，自然会以和善的一面和你交往和沟通，并且也会称赞你，你也会因为这种轻松的氛围而变得自信起来，那么接下来的气氛一定是很融洽的。

其次，学会对别人雪中送炭。前面已经说过如何和陌生人一起把第一次见面的过程变得轻松。相识后在对方需要帮助的时候伸以援手，就像那些卖保险的人一样，站在他人的角度去替他人来考虑事情，让对方保持希望，不论干什么，都站在这个角度去替他人考虑，并伸以援手。那么在这个关爱的过程中，你也能得到对方对你的尊重和关爱，并让你在他心中处于一个很重要的位置，而这样的回馈会让你更加自信，渐渐克服自己内心的社交恐惧。

同理，对你身边的人都应如此，你付出了自己的爱心，让他人保持希望，他人也会回馈你的。与此同时，要想真正地摆脱社交恐惧，还要学会鼓励和激励自己，也许自己一开始做得并不是很好，但是万事开头难，很多时候熬过最难的开始，后面就会越来越顺，而且你遇到的问题，别

人同样曾经遇到过，每个人都经历过这样的阶段，鼓励自己，坚持过去就没有什么可以打败你的了。

如果你遇到比自己优秀的人，不要觉得自己不如他，每个人都有每个人的亮点和人格魅力，这是别人所无法代替的，给自己增加信心，不要去和别人比较，每一个人都是独一无二的，每个人都有自己的特色，做你自己，你就是最好的，这样一来你会变得自信起来。

★ 幽默中融入情感能提升应对能力

有这样一个故事：一位中年妇女下岗一年多，一直未找到合适的工作，后来终于在一家高级珠宝店找到一份售货员的工作，某一天，有一位穿着破旧衣衫的年轻男子走了进来，年轻男子表情悲哀有一些不确定地盯着橱窗里的那些首饰。

在这个时候，这位刚找到工作的妇人的电话响了，妇人接听电话时，不小心把戒指盒碰掉在地上，盒子里面一共六枚戒指，妇人只找到了五枚，第六枚找了半天也没有找到。这时候那个男子向门口走去，正要离开珠宝店，妇人一下子反应过来为何她怎么也找不到那第六枚戒指。

就在这个男子马上要走出去的时候，妇人赶紧柔声叫道："对不起，先生！"

男子转过来看着她，并没有说什么，妇人也就那样看着他，两个人对视了一会。

"什么事？"男子开口问道，等了一会见妇人没有回答。

"什么事？"男子又问了一遍。

"我先生和我下岗一年多了，我上个星期才找到这份工作，现在找到一份合适的工作真得很难，为了这份工作，我的鞋子都已经和我罢工了。"妇人说着，神色黯淡。

男子看了妇人半天，终于，他低下头轻笑了一下，带着稍许腼腆道："是的，真是这样。"

他又说道："但我觉得你在这里会做得很好。"

说完，他向妇人走了一步，把手伸向她："让我握握你的手，表示我真诚的祝福好吗？"

然后，他转过身，慢慢走了出去。

妇人看着他离开的背影，转身走回了柜台，伸开手，把那丢失的第六枚戒指放回了盒子里。

妇人猜到了丢失的戒指是被这名男子拿了，她没有选择直接指责或是刁难，而是用感情来让男子把戒指交还给她。还利用鞋子来说明工作来之不易，借此来感化男子，如此看来，在幽默中融入情感，是智慧的另一种境界。

伏尔泰是法国著名的哲学家，同时他也相当擅长交际。

1972年英法战争，伏尔泰本来是在英国旅行，不料却被美国人给抓了起来。

"把他绞死！快点儿把他绞死！"美国人怒气冲冲地喊道。

伏尔泰被抓了起来后便被送往了绞刑台，这时他的英国朋友纷纷跑来想要帮他解围。他们焦急地喊道："你们不能将他处死，伏尔泰先生只是一个学者，他从不参与政治的！"

"不行，法国人就该死！把他绞死。"那些围观的人不停叫嚣着。

就在双方争执不下的时候，伏尔泰举起了双手，小声地说："可不可以让我这个将死之人说几句心里的话？"

然后全场变得安静了下来。

伏尔泰向在场围观的人深深地鞠了个躬，清了清嗓子，说道："各位英国的朋友！你们要惩罚我，仅仅是因为我是法国人。以各位的聪明才智不难发现，我生为法国人，却不能生为高贵的英国人，难道这对我的惩罚还不够吗？"

说完，英国人都哈哈大笑了起来。而伏尔泰也被当场释放了。这诙谐幽默的几句话把伏尔泰从死亡的手里救了出来。伏尔泰以自嘲的口吻，诙谐的语气来阐述道理，不仅帮他化险为夷，也把当时剑拔弩张的气氛调剂得平和了起来。而面对生活中各种琐事的我们，也应如此，用幽默又不失机智的言语，就能够使自己化险为夷，轻松解决困难的事情。

第三章

幽默能够
调剂人际关系

★ 幽默的沟通能够增加快乐感

现代人的生活节奏越来越快，很多时候面对生活琐事人们会开始变得焦躁，脾气很坏，有时候甚至莫名的心情低落。当这种感觉蔓延到我们的情绪里的时候，就需要幽默来帮助我们调节。幽默会让你觉得人生豁然开朗，会让你从内心里真正地发笑，从而增加你的快乐感。

人们大多都很喜欢喝咖啡，伏尔泰也是如此，并且饮用咖啡的次数多得惊人。有个朋友劝告伏尔泰说："别再喝这些咖啡了，这属于一种慢性毒药，对身体没什么好处的，你是在慢性自杀！"

"你说得很对，我想它一定是慢性的，"伏尔泰如是说，"要不然，为什么我已经喝了65年还没有死呢？"

在外人眼中，多喝咖啡就属于慢性自杀，并不是什么好事，而对于伏尔泰来说，喝咖啡无非是自己众多爱好中的一种，是一种对生活的态度和享受。幽默的语言艺术可以将自己积极的生活态度传染给身边的人，在自己享受的同时也让他人过得舒心快乐。

曾看到过这样一个小笑话：

丈夫："结婚这么多年了，我才发现我不是一个好丈夫。"

妻子："你为什么会这么说呢？我可从来没有这样觉得过。"

丈夫："是我经过多年思索，忽然想起的。"

妻子："那你是怎么想起来的？"

丈夫："有一位名人曾说过这样的话：一个好丈夫能造就一个好妻子。"

在平时的生活里，如果你想要教导一个人应该怎么做或是想要和他沟通，方式有很多种，不一定是直接点名、直入主题，有时候可以用委婉稍加幽默的元素来向对方阐述，这样气氛不会过于严肃，对方也相对比较容易去接受你所想要的结果，你如何对待一个人，对方也会用同样的方式来对待你，那么不如让彼此沟通的环境处于相对平和的状态，既不针锋相对，也不咄咄逼人，拉近彼此之间的距离。

如果你莫名地受到了其他人的冷落或是尴尬处境，你需要静下心来，好好反思一下自己。很多时候遇到尴尬的处境都是因为我们自身没有处理好与陌生人的这种沟通方式和沟通心态，我们应当以最轻松自然的情绪和态度稍加幽默的元素去和别人沟通，把气氛调活，让沟通更加顺畅。

从医学的角度来看待如何良好地去和别人沟通这个问

题，对于我们自身来说，每个人的意识里都存在两个不同
的个体，一个是有意识的，由大脑思维所支配和控制；另一
个是无意识的自我行为，日常生活中的一举一动以及所谓
的习惯，很多都是来自于我们无意识的行为，那么，若想
要和别人取得良好的沟通，首先我们要做的就是认清自我，
了解我们内心真正的想法和需求，然后才会知晓我们究竟
该如何为人处世，以及对待不同的事情应该表现出什么样
的应对状态，这个时候，你才是一个真正了解自己的人。

所以，想要和他人保持有效和良好的沟通，首先要先认
清自己，调整好自己的一个沟通状态，让自己处于一个舒适
豁达乐观的交往状态，然后再去和别人进行沟通，在这种良
好的沟通环境下，双方才会身心愉悦，并且沟通顺畅。

在日常生活中，我们总是要面对各种各样的沟通环境，
需要学会和各种各样的人去沟通，在这个过程中，我们要
学会加入幽默的元素，这样可以使沟通对象保持身心愉悦，
也会让双方的沟通始终保持着有效的状态。在快乐中沟通，
传递有效信息和积极的生活态度。

★ 幽默可以改变他人的沟通思维

利用幽默的语言艺术来和他人进行沟通，可以使我们所
要表达的内容更加生动和容易理解，同时也会让对方更加容

易去接受，进而跟着你的节奏走，可以将原本或许不占优势的我们变成主动的一方，让对方跟着我们的节奏进行。

所以说，幽默可以增加我们的话题的吸引力，最终达成我们的心愿。

报纸上曾经报道过这样一个事件：

交警在执勤过程中拦截了一名骑摩托的高中生。交警让这名学生出示驾照，可是这名学生并没有带驾照，他表现得很紧张，一直对这名交警陪着笑脸，希望交警能够放过他，并且想要通过"伏地挺身、交互蹲跳"等方式来接受惩罚，在交警还没有表态的时候，这位高中生便马上趴到了人行道上做起了伏地挺身和交互蹲跳，各做了 50 个。交警看到后，有些忍俊不禁，看在这名高中生初次犯错又态度诚恳的份上，让他走了。

很多人在行驶过程中若是遇到交警拦截，往往会表现出一种愤怒的状态来为自己开脱和狡辩，而这名高中生，他没有和交警撒泼也没有无理取闹，而是换了一种方法来给自己惩罚，既逗笑了交警，也让自己在没有受到交警处罚的同时自己给予自己惩罚，这件事情看似很平常，可是却蕴含着大道理，幽默在你的生活中可以帮助你学会成长并且吸取犯错后的教训，并且能够帮助你轻松解决生活中遇到的一些棘手的问题和事情。

并不是当你面对所有事情的时候都以同一种幽默方式

来对待，对于不同的事情，我们应该采取不同的应对方式，而若我们想要在其中加入幽默的元素也要因地制宜，不可一概而论，凡事都要根据当时的情况来选择应对方法，毕竟每个人对于事情的理解都是不同的，一千个人便会有一千种思维方式，不可以偏概全，要全方位地去考量。

我们可以用不同的幽默的沟通方式去对待不同的沟通对象，让自己时刻把握着沟通中的主动权，例如：对于长辈和晚辈就要运用不同的幽默方式，对待身边的朋友和陌生人又是两种截然不同的幽默方式。

幽默作为一种语言上的艺术，作为一种沟通的方式和桥梁，他会使沟通的双方都保持心情愉悦，并达成良好的沟通状态和环境，从而达成有效沟通的目的，学会幽默的沟通，把握好时机，看好沟通对象，幽默的沟通不再是一个难题。

★ 幽默是化解阻力的助力剂

有时我们会觉得和对方无话可说或是话不投机，很难沟通，那么在这种情况下，我们首先要先从自身去寻找原因，想想问题是否出在了自己身上，换位思考，作出正确的判断，然后加以改正，再去继续进行沟通。

有这样一个小故事：一位经理对开电梯的小姐说："请

尽快把我送到 19 楼。"

"对不起，经理，这座大楼只有 18 层啊?"小姐为难地说。

"没关系，小姐! 尽力而为。"经理仿佛没有听见她说的什么。

小姐先是一愣，随即不禁笑了起来。

很多人在面对上级领导的时候，会表现出畏惧和不敢多言，而这位经理故意用这样幽默的语言去调节两个人之间稍显尴尬的气氛，让这位小姐在面对他的时候变得轻松起来。如此可见，生活中只有加入这一点点的幽默元素，便可以解除小小的阻力，让你收获颇多，缓解调剂了上下级之间的关系，减少距离感。

我们很多时候也会碰到这种情况，当你和他人沟通或是劝告某一问题的时候，你提醒了很多次，可是对方依然没有参考你的意见。下面这个故事就是这样:

有一位丈夫，每次在他开车的时候，他的妻子总会在旁边指手画脚地指挥，丈夫和他的妻子说过很多次在他开车的时候不要总是指手画脚，可是依然没有任何的改变，于是，某一天:

妻子坐在缝纫机旁边做活，丈夫在一边不时地就要发表一下意见:"慢点……小心点……你的针已经断了，把布向左边拉一点……停一下……"

妻子开始变得不耐烦，于是生气地说："你干吗要妨碍我，我自己会缝！"

"你当然会，亲爱的。我只是想让你体验一下，你教导我怎么开车的时候我是什么感觉。"

面对沟通过很多次仍没有效果的情况，直接抗议是没有效果的，这位妻子的不自觉的行为已经变成一种惯性，变成他们夫妻之间的沟通障碍。当你认清这一点的时候，才会去对你们之间的沟通方式做一下改变，这样才是有效的沟通方式，很幸运，这位丈夫成功了。

我们再来看一下下面这位太太是如何解除和克服生活中遇到的沟通阻碍的：

一位太太到超市去买一些鸡肉，服务员拎起一只鸡，放在称上称了称说："1美元60美分。"

"这只鸡太小了，"这位太太说道，"能不能帮我挑一只稍微大一点的？"

可是这是最后一只鸡了，于是服务员拎着鸡走到了后面的库房里，对着鸡又捶又打，把鸡的脖子拉了拉，然后又走出来，很快的重新称了称。"恩，这只鸡2美元15分。"

"好极了，"这位太太说，"两只鸡我都要了，请包一下"。

聪明的太太早就发现了服务员动了手脚，本来这是一件让人生气的事情，可是这位太太用幽默的方式说"两只鸡她都要了"，让服务员的诡计无处隐藏。

在沟通的角度来说，这位太太用幽默的形式已经很明确地表达出了她想要表达给服务员的信息，而没有直接拆穿服务员，避免了服务员对这位太太拆穿她后的抵触情绪，避免造成他们之间的沟通阻碍，并且也让服务员得到了教训。

★ 幽默让你在各种场合里应对自如

语言作为我们日常沟通必不可少的工具，影响着方方面面，可以说，如果没有很好的沟通，那么事情基本上就失败一半，所以要想良好，有效的沟通，我们要学会在语言里融入幽默的元素，让你轻松地在沟通中和对方拉近距离，解决矛盾，让沟通变得更容易和顺畅。

会聊天的人从来不会挑对方的不足和忌讳的东西去说，也不会随便乱开低俗、不健康的玩笑，更不会诋毁他人。他们不会选择一些有争议的话题，因为对于有争议的话题来说，一旦开始，便必不可少的会有争论，很容易造成不欢而散的局面，这样不利于良好的沟通。无论是什么身份，他们都不会以教训或是过来人的口气和对方交谈，这样会引起对方的反感从而造成沟通障碍。

社交的方式有很多种，有正式的，有随意聊天式的。他们都是社交的组成部分，一个会聊天的人，总会在很平常的沟通场合下收获到更多的人际关系。

沟通离不开好口才，而拥有好口才的人一般都会选择风趣幽默地去交流，使沟通的过程变得更加顺畅和自然，收获他人对自己的好感，并处理一些尴尬严肃的处境。

有这样一个关于达尔文的故事：达尔文被邀请去赴宴，在宴会上，达尔文碰巧和一位年轻貌美的女士并排坐在一起。

"达尔文先生，"坐在旁边的年轻女士带着戏谑的口吻向这位科学家提出疑问，"听说你断言，人类是由猴子变来的。我也是属于你的论断之列吗？"

"那当然喽！"达尔文看了她一眼，彬彬有礼地回答道，"不过，您不是由普通猴子变来的，而是由长得非常迷人的猴子变来的"。

这位女士本来觉得自己的美貌怎么可能是猴子变来的，于是向达尔文的进化论进行质疑，而达尔文对于这位年轻的女士的质疑，并没有直接否定和讲述大道理般的理论说服，而是以一种幽默的口吻告诉这位小姐，"她是由一只迷人的猴子变来的"，既让这位女士的心理得到了安慰，又支持了自己的理论研究结论。

真正会聊天懂沟通的人就要像达尔文一样，在解除别人质疑的同时还要捍卫自己的观点。可见幽默对于沟通来说是多么得重要。幽默能够让我们收获更多的人际关系，调节沟通氛围，从而帮助我们达成想要通过沟通达成的目的。

在一次社交的聚会上，一位先生很不知趣地对勃朗宁的作品提出了很多问题，勃朗宁表现得很不耐烦，因为他根本看不出这些问题的价值在哪里，这位先生问这些没有价值的问题到底是为了些什么，于是勃朗宁便意图走开，并对这位先生说道："请原谅，亲爱的先生，我独占了你那么多时间。"

勃朗宁在如此不耐烦的情形下还能保持优雅的态度并用幽默的方式表达了自己的想法，让他人识趣地离开。所以，幽默是一个人的优秀涵养，能够帮助我们收获更多的认可和人际关系。

★ 把批评用幽默的方式表达出来

生活中有好的一面就会有坏的一面，有赞扬就会有批评，很多人批评别人的时候不会去考虑别人的感受，让人无法接受，无地自容，而这种批评的方式无论对于你自己还是被批评的人都是不好的，被批评的人会觉得无地自容，有时候也许不会去改正，反而更加叛逆地去对抗，而你这样批评别人，也会让别人更加得不喜欢你，破坏你的人际关系。

美国心理学家莱曼·波特曾经提出过一个"波特定律"。"波特定律"的含义是指当遭遇许多批评的时候，下级往往只记住开头的一些，其余就不会去听了，因为他们正在忙于思索论据来反驳最开始受到的批评。也正是因为这样，在日常的人际交际环境里，当你去批评其他人的时候，要去感受对方的感受和心理，注意批评的方式方法，用相对缓和的语气和方式来表达出自己的想法并传达给对方，所以，批评别人也要讲究方法而不是直接冲上去教训一顿。委婉或是柔和地去和对方沟通表达批评的意思，可以让对方更容易去接受并让对方深刻反省自身，帮助其纠正自身错误，这样就不会适得其反。

有几名属鼠的初中生在期中考试中取得了满分，很是骄傲，有些骄傲得不知所以，他们的班主任发现后，对他们这样说道："怎么，这就得意了？你们知道得意以后接下来的是什么吗？请留意今天下午的班会内容。"班主任走后，这几位男生在心里想：惨了，下午的班会肯定是要狠狠地批评他们了！出人意料的是，没有像他们想的那样迎来一场狂风暴雨，而是一个半调侃半批评的小故事。班主任说"有句俗话说得好，'林子大了，什么鸟都有'，要我说，'天下大了，就什么老鼠都有'。我就曾经听过这样一个故事，今天我把这个故事分享给你们听。有一只小老鼠想要外出去旅游，碰巧碰到了两个小孩子在下一种兽棋，于是小老鼠就躲在一边偷偷地看着他们下棋。"

"它发现了一个小秘密，就是在这套棋里，小老鼠可以

被猫吃掉，可以被狼吃掉，可以被虎吃掉，但是它却可以战胜大象。于是小老鼠在心里想道：原来它才是万兽之王！这么想着，小老鼠不免就兴奋又得意起来，从此以后开始变得看不起猫啊狗啊的，甚至偶尔还会拿狼来寻开心。"

"有一天，这只得意忘形的小老鼠，居然爬到了老虎的背上去玩，此时老虎睡得正香甜，懒得去动，只是抖了抖身子。见到老虎如此，小老鼠更加得意忘形。小老鼠又去骚扰大象，它趁天黑，钻进了大象的鼻子，大象觉得很痒，使劲打了个喷嚏，小老鼠于是立刻像子弹一样被喷了出去，小老鼠被喷得好远，喷到了一条臭水沟里。那么现在，请各位同学注意一下这个'臭'字，它是怎么写的？'自''大'再加一个点就变成了'臭'字。更有意思的是，今年恰好就是鼠年，而在咱们的班级里，也有不少属鼠的同学，那么，咱们班级里的这些'小老鼠'应该不会像故事里的小老鼠一样掉到臭水沟里吧，我想一定不会的，但是不会掉进臭水沟是有前提条件的，那就是：不管你此时或是将来取得了多么大的成就，永远都不要骄傲自大，这样你就永远都有进步的空间，永远都不会掉到臭水沟里。"

说到这里，班主任还意味深长地看了那几名属鼠的同学，而那几个同学心里也自然明白老师说的是自己，于是很快改正了自己的缺点，班主任并没有直接去批评这几名学生，而是通过一个幽默又蕴含深刻意义的小故事来提醒他们，间接的批评比直接的批评更容易让人去接受和改正。

在我们日常的学习和生活中，或多或少都会遇到批评或是被批评的事，而在遇到这种事的时候，我们应该学会有技巧地去批评，而不是直接硬碰硬，我们要用委婉和幽默的方式让他人深刻意识到自己的错误，并促使其积极地去改正。批评最好的方式是委婉地去暗示，而暗示的最好水平是学会用幽默的方式去暗示。

★ 幽默能够良好地调剂人际关系

我们每个人都有自己的交际圈，而在我们的人际交往中，无疑幽默是最好的调剂品，它可以缓解交往中的尴尬气氛，可以化解人与人之间的敌意，可以缓解紧张的情绪，可以弱化彼此之间的距离感。

有这样一个小故事：一个肉店的老板在路上遇到了那位他正要去找的律师。老板问律师："如果一只狗偷吃了别人的东西，那么这只狗的主人是不是要替自己的狗赔钱？"

律师回答道："那是自然的了。"

"你说话算数吗？"老板又问律师道。

"当然！我是专门从事诉讼的律师，我讲话都是有法律依据的。"

"那么，请你付给我十元钱吧，因为你的狗偷吃了我店

里的一块肉。"

"好，我同意。但是你要知道，我是律师，凡是向我咨询事情，每次收费是二十元钱起价，那么照这样算来，你首先要付给我二十元钱，扣除我赔偿给你的十元钱以后，你最后应该付给我十元钱。"律师笑着慢慢道来。

读完这则小故事，也许你会不禁捧腹。由此看来，在生活中，一个幽默的人和一个不会幽默的人在面对事情时的处理方式和得到的结果都是截然不同的。让自己变得幽默，只有好处没有坏处，好的幽默感可以让你收获更多人的青睐和好感，让你在日后的交际中更加的自然和顺畅，并为你积累更多的人脉关系。

生活中也有很多严肃的人，他们不苟言笑，不懂得适时开个小玩笑，生活没有情趣而言，总是一板一眼，这样的人通常朋友都很少，人际关系自然也不怎么样。

有幽默感的人通常都会不按常理出牌，往往让人觉得出其不意，这样的幽默方式使得这类人在遇到复杂和难解的事情的时候可以轻松解决，这就是所谓圆滑和聪明的人。幽默感强的人通常也是心胸豁达之人，不会因为一点小事就把自己逼入墙角里，而反之，则会变得心胸狭窄，不仅不利于自己的人际关系和情绪，严重的还会影响到自己的健康。

幽默是一种智慧，是一种从容的生活态度，是一种乐观积极的思想体现。幽默更是人际交往中不可或缺的调剂品，在幽默的调节之下会让你的人际关系更加的和谐和友善。而幽默并不是喜剧演员或是小丑的专利品，我们每个人都可以学着去变得幽默，让自己保持微笑，保持心情的舒畅和心境的豁达，那么你就会变成一个充满幽默感的人。

要想成为一个充满幽默感的人，光保持心情的愉悦和心胸的豁达是不够的，我们还要学会如何去巧妙地把幽默融入到我们的思维智慧和语言艺术里。而要学会这些，就需要我们有敏锐的洞察力和丰富的想象力，以及良好的语言表达能力和智慧。

有一位律师，他其实很懂得幽默又非常的聪明，但是他却不懂得如何正确运用自己的幽默，他总是滥用自己的幽默，和别人说话的时候总是给人尖酸刻薄的感觉，带有攻击性，人们都不喜欢和他说话。有一次，律师的一位朋友对他说："你经常语出幽默，这点其实很好，非常幽默也好笑，但是，大家都认为如果你不在场的话，或许他们会觉得更快乐，因为有你在，他们都觉得会比不上你，不如你，你在的时候大家通常都不大敢开口说话，你的才华确实比他们好，但是这样一来，你的朋友都不愿意和你过多来往，不愿意和你说话，他们会渐渐的远离你，而这对你来说又有什么好处呢？"

朋友说完后，律师觉得犹如醍醐灌顶，从此以后，律

师改掉了他自己滥用幽默的习惯，而把幽默变得和善起来，把幽默用在恰当得体的地方，这样以后，他的人际关系也随之好了起来。

　　幽默是我们生活中不可缺少的必需品，但是如果滥用，往往会起到相反的作用，所以我们应该学会正确地运用幽默，把幽默变成对我们生活和交往有益的工具，让我们的社交环境更加和谐，让我们增加更多的人格魅力，收获更多的人际关系，让幽默发挥它真正的作用。

第四章

幽默可以
保持身心健康

★ 幽默可以抵抗消极情绪

心情可以分为很多种，最常见的表现形式是喜怒哀乐，遇到让人高兴的事会无比开心，觉得所有的事物都是美好的，遇到让人生气的事情，就会变得烦躁不堪，情绪暴躁，遇到让人伤心的事，就会表现为哭泣或是郁郁寡欢，而这一切的喜怒哀乐归结到一起就被称为情绪。

情绪是每个人都拥有的，又是最难控制的，喜怒哀乐这些情绪表现，每天都在不停上演着，那么不同的情绪究竟是如何引起的？

理论上来讲：情绪是个体感受并认识到刺激事件后产生的身心激动反应。

这里指出的刺激事件包括外部环境所产生的刺激，例如：看见某一处风景动人的自然风情，例如听到一个可笑的笑话等，还包括来自我们自身生理上以及心理上的刺激。例如：最常见的饥饿感、饱腹感、头痛牙痛、气喘吁吁等来自我们自身身体内部的生理上的刺激，而在思想方面，比如想到一件无比开心的事，出去旅游或是想到甜蜜的事，又比如想到去世的亲戚朋友等等让人伤心的事，这些刺激

属于心理上的刺激。而所有的这些都会引起我们情绪上的波动。这就是所谓的情绪反应。

那么什么是由外界刺激引起的情绪？例如：你特别喜欢吃某道菜，当你闻到这道菜的香味的时候，你会觉得很开心，这种味道让你垂涎欲滴，流连忘返。如果你非常不喜欢某种菜，当你闻到之后就会觉得很难受，不舒服，从心里到生理上都是拒绝和抵触的。这些就属于由外界引起的情绪波动。

而对于情绪来说，我们的思维方式和思想理念以及一些信仰都会影响它，如果是身体的某些原因例如生病等引起我们情绪上的不愉快，那么可以通过药物等媒介来改变现有状况从而改变我们的情绪，如果是因为我们自身对某件事情的看法等思维思想上的波动导致不佳的情绪，这就不容易被我们控制。

情绪的好坏与外界刺激其实关联并不是很大，就算引起情绪上的波动，也比较好控制，而如果是心态和思想上有关联，就比较不好处理，并且会对情绪产生很大的影响。一件事情，不同的人理解的含义就会不同，在你眼中让人愤愤不平的事情或是让人悲伤的事，在其他人眼里或许就是一件好事，一件让人开心的事。所以这件事情究竟是喜悦的还是悲伤的，就要看我们自己如何去理解。幽默是一种积极乐观的表达形式，它可以给人们带来快乐，可以让人们保持喜悦以及身心愉悦。它属于一种快乐的情绪，是人的某种需要得到满足时的一种喜悦的表达形式。幽默可以让消极的情绪远离我们，把快乐还给我们，让我们时刻保持着一种愉快的心理和乐观豁达的心态。

电影《监狱风云》中饰演亨利的是著名影星吉尼威尔德，他在剧中饰演的角色常常笑口常开，积极乐观，说话也风趣幽默，为此很多观众为之倾倒。电影里，吉尼威尔德饰演的亨利被法官误判导致入狱，而所有的狱官都看他不顺眼，总是找他的麻烦。

一次，狱官用手铐把他吊了起来以给他教训，过了几天以后，亨利居然还能笑着对狱官说："谢谢你们治好了我的背痛。"后来，狱官们又把亨利关进了一个锡箱中，这个锡箱由于日晒而变得温度很高，当亨利被他们放出来的时候，亨利央求狱官道："喔，拜托再让我待一天，我刚开始觉得有趣呢。"

最后，狱官将亨利和一位体重达 300 磅的杀人犯古斯博士一起关进了一间小密室。古斯博士是监狱中有名的恶霸，凶狠无比，所有人都避之不及，而狱官们以为把亨利和古斯博士关在一起，亨利一定会不死也伤得不轻。可让人没想到的是，当狱官们打开密室的时候，他们发现亨利正和古斯博士坐在一起开心地玩着牌，所有人都非常惊讶。

每个人都会遇到难以面对的困境，而亨利在困境的面前选择以乐观的态度来面对世事，他的内心是乐观向上的，所以无论别人如何对他，他都会以快乐的方式来理解和对待，而这种乐观也深深地影响了周围的人，所以当我们遇到困境之时，我们也要多想想以前的幸运之事和美好的事物，并保持着一颗积极乐观的心态，我们就可以控制好我们的消极情绪。让自己变得快乐起来。

情绪是一把双刃剑，消极的情绪可以把我们打压到不行，相反乐观的情绪也可以帮我们抵抗困境，助我们一臂之力。所以，我们要做情绪的主人，用自己的力量去控制情绪和引导情绪，保持积极乐观的情绪。卡耐基也说过这样一句话：没有一种胜利比战胜自己及自己的冲动情绪更伟大，因为这是一种意志的胜利。

幽默可以很好地帮助我们来保持自己的积极的情绪状态，情绪是多变的，而幽默可以很好地接纳我们自身所产生的各种情绪变化，并帮助我们及时调节，让我们始终保持着乐观积极的生活态度。

★ 幽默是潜在的心理医生

幽默不仅可以帮助我们保持乐观积极的生活态度，还能够帮助我们治疗身体上的疾病，让心情得以放松。

有这样一个小寓言：

一个乞丐走进一家医院然后对医生说道："您得帮帮我。半个月前我吞下了一枚硬币。"

"我的老天爷！"医生说，"您当时怎么没有来？"

"说实话，我当时并不着急用这个钱。"乞丐说。

病人能够用轻松的心态来面对自己的病症，是一种积极乐观的人生态度的表现，这样的心态也会促使人们更快地让病情好起来。

有句俗语说得好：笑一笑，十年少。医学上和生理学上都有表明：笑，对人体各个器官都是有好处的，尤其是心理情绪的调整。很多专家也认为，幽默对于人的精神健康是有很好的调节作用的，而这种调节作用主要表现为：幽默可以帮助人们把烦恼忘掉，或是把烦恼降到最低的程度。

临床也表明，幽默对于疾病的治疗是有潜在的功效的，而这种功效主要表现为以下四点：

1.幽默可以为患者营造一种轻松的氛围

2.幽默可以拉近患者与医者之间的距离，减少排斥感

3.幽默可以帮助医生更好地了解患者的病症

4.幽默可以帮助人们克服一些不好的社会习气

近些年来，欧美医学界发明了一种疗法叫作"幽默疗法"。而这种"幽默疗法"已经在临床上取得了不菲的成绩。医学专家们认为：幽默可以让人们产生笑意，而笑在我们

生活中其实起到了相当重要的作用，一个人在笑的时候，他的隔膜、胸部、腹部、心脏、肝脾等都会引起短暂的运动，这种短暂的运动可以帮助消除呼吸系统中的异物，刺激肠胃，加快肠道蠕动和血液循环，并且提高心跳的频率。与此同时，笑还可以缓解紧张、厌烦、沮丧、内疚等不良情绪，减轻头痛和腰背酸痛的严重程度。

一个小故事：一位建筑工人在施工过程中，因失足而从五层楼的高度掉了下去，这位工人以为自己一定非死即残，可幸运的事，这位工人恰巧掉到了一个沙堆上，从而幸免于难。当人们发现而围上来时，警察驱散围观人群，然后问工人："这儿刚刚发生了什么事？"

工人道："我不知道，我刚到。"

有研究表明，笑还可以促使体内的一些激素分泌，例如肾上腺素。这些激素可以对人体机能产生有利的影响，与此同时，还会促使体内某些麻醉因子释放，从而缓解身体和心理上的疼痛感，减轻病症所引起的身体上的不适。

有句话叫作抑郁成疾，正是因为情绪上长期的闷闷不乐，导致心理上积郁而产生疾病。而解决这种病症的最好的方法是用幽默来疏导心情，让心境变得开朗起来，让思想变得积极向上，产生乐观的情绪，这要比药物来得健康和快速得多。

幽默不是没有思维逻辑的傻笑，幽默是有内涵的笑意，它是从我们心底发出的笑意，是最乐观，最轻松的笑意，而不是所谓的皮笑肉不笑。

古时候有这样一个小寓言：满奋最是怕风，某日，得晋武帝的召见。满奋来到宫殿，见宫殿的背面都是琉璃相隔，很是透亮，满奋便以为宫殿没有窗户，害怕起来，并显得有些心绪不宁，晋武帝见满奋如此，便晓得他此刻定是又怕风了，于是大笑起来。满奋也是个聪明人，听晋武帝大笑不止，便深知是上当了，就对晋武帝说道："此刻就像吴地的牛见了月亮而喘息一样。"

满奋开玩笑的调侃自己多余的担心，也让晋武帝开怀大笑，心情大好。

幽默可以充分地显示出一个人的智慧，也能带给别人无尽的快乐，利人又利己。

幽默，就是我们生活中潜在的一个心理医生，能帮助我们化解心理情绪上的郁积，也能够帮助我们恢复身体上的健康，让我们对生活产生积极乐观的态度。

★ 幽默可以有效提高身体各项机能

我们都知道有句俗语叫作：笑一笑，十年少。多笑一笑，就可以让人看起来很年轻，容光焕发。那么究竟是什么原因让笑有这么大的作用呢？有科学研究表明：不同形

式的笑可以提高人体机能的免疫力，帮助人们治愈疾病，释放紧张纠结的情绪，有助于人们的身体健康。捧腹大笑，偷偷窃喜，无论何种形式的笑都有助于我们的健康。

被人们称为笑的研究先驱的著名科学家：美国威廉姆·弗赖伊，他认为，尽管体育健身有助于体魄强健，但是笑更能够促进血液循环和腹肌收缩。

也有科学研究表明，笑还可以帮助人们释放紧张的情绪，1997 年科学家们对笑的治疗效果进行了实验，科学家将 48 位心脏病患者分成两组：一组被安排每天观看 30 分钟的幽默剧；另一组作为参照组，则没有此项安排并用一年的时间来调研。一年以后结果显示，观看喜剧的组里只有 6 人心脏病反复发作，其他人的状况都很好，而另一个参照组则心脏病发作人数高达 10 人。由此结果，专家们分析，喜剧能够使两种引发心律不齐、导致心脏病的主要荷尔蒙减少。可见经常开怀大笑可以缓解人们的不良情绪，使人心情舒畅，从而让身体始终保持健康的状态。

另外，科学还证明笑可以促使自我保护激素和化学物质的产生。加州某大学的两位学者研究发现，当被试者观看幽默的视频的时候，人们的 β 激素（缓解抑郁）和成长激素（有助免疫）两种荷尔蒙分别增加了 27% 和 87%。科学研究表明，笑可以有效提高身体的各项机能和自身的免疫力。《美国健康》杂志也刊登过类似的有关于笑的作用的实验。而堪萨斯技术大学一位教授也做过相关研究，证明笑能够抵抗病毒和外来病毒细胞的侵袭。

在我们的日常生活中，难免会遇到一些不尽人意的事情，挫折在所难免，当我们遇到困境的时候不要低沉不要消极，要积极面对，以一颗乐观豁达的心来面对生活所带给我们的磨难。要充满斗志，并对未来充满希望，就像伏契克说过的那样："我们曾经为欢乐而斗争，我们将要为欢乐而死。因此，悲哀永远不要同我们的名字连在一起。"当我们做到这些的时候，你就会发现你的生活变得越来越好，我们自己也会变得容光焕发，精神奕奕。这就是幽默所带给我们的神奇力量。

还记得看过这样一个有关乐观的故事：鲁斯是一名杂志撰稿人，他在 5 年前发现自己身患重病。那个时候他本来要去买人寿保险，在做例行体检的时候，发现他的冠状动脉有阻塞症状，于是保险公司拒绝了他的投保申请。保险公司医生说，他或许只能再活一年半了，而且前提是鲁斯必须要辞去杂志社的工作，也不能参加任何的体育活动，要在家里静养。那时候的鲁斯年仅 37 岁，正是年华大好之时，而他也不愿意放弃他自己原有的生活方式，于是他决心找出其他的办法来让自己的生命延续。于是他想到通过锻炼的方法来保持自己心脏的健康。

与此同时，鲁斯还为自己制订了一个大胆的治疗方案。他开始服用大量的维生素 C，并在同时对自己进行他自己理解的"幽默疗法"。他让自己看大量的喜剧片，读大量的著名作家写的幽默作品，这样持续了很久，他觉得身体好了很多，整个人也变得有精神。他后来说："我发现，捧腹大笑 10 分钟就能起到麻醉作用，使我至少能够不觉疼痛地睡上两个小时。"而在鲁斯为自己制订的这个治疗方案的作用下，鲁斯活过了 5 年，并依然活着，鲁斯认为，紧张和压力等类似的消极力量会让身体变得虚弱和脆弱，而类似快乐这种积极乐观的心态会让身体变得更加强壮。

鲁斯说："倘若说我们战胜沮丧的乐观情绪的力量不能在身体里引起生物化学上的积极变化，我是绝对不会相信的。我们能够想办法让自己活下去。每当我犯病到了医院的时候，院长和治疗心脏病的专家都在等着我，我说：'没事，各位别紧张。我希望你们了解，我是到你们医院来过的最顽强的病人。'"

鲁斯通过自己的经历得出这样一个结论：很多时候，乐观的情绪比药物要有用得多。他说："这一点应该引起医学家们的重视。如果乐观情绪本身能够起到医疗作用的话，就不应被忽视，而应该当作所有疗法的一个组成部分。"幽默的力量是强大的，它不仅能为人们带来欢乐，很多时候甚至还能够挽救人们的健康。

★ 幽默让你从容面对突发状况

生活中我们不免会遇到很多的突发事件，这些突发事件会让人变得惊慌失措，还有一些让人伤心难过的事，会让我们萎靡不振，丧失意志。遇到这些事情的时候我们可以适当地运用一下幽默来调节。

威廉·弗赖恩博士是美国斯坦福大学有名的精神学家，他说：生活中如果没有笑声，人就会生病，并且会日趋严重。而幽默可以激起内分泌系统的活跃程度，从而可以有效缓解和治疗病情，幽默还可以帮助人们缓解紧张的情绪。

有一位医生接到了一位患者的电话，这位患者在电话中惊慌地说："喂！喂！大夫，请你赶快到我家来一趟，我儿子不小心将我的微型钢笔吞到了肚子里了！"

"好吧，我这就来。"医生对那位慌张的父亲说道。

"大夫，在你来之前，我应该做些什么？"

"我想你可以先用铅笔写字。"

医生的话让病人紧张、不知所措的心情得到了有效缓解，帮助安抚了病人的情绪。幽默的力量不仅能让气氛更加融洽，让人们更开心，幽默还能在关键的时候，在我们面对突发状况的时候帮我们安心定神，舒缓心情，从而冷静处理。

有一位牧师这辈子都没有坐过飞机，所以对于飞机这种乘坐方式，牧师还很陌生，对他来说甚至有些恐惧，然而，牧师因为一件重要的事，必须要坐飞机才能到达，于是牧师带着忐忑的心情上了飞机。

在飞机上，牧师两手紧紧地抓着座椅两侧，还把《圣经》放在了腿上，表现出十分紧张的神色。这时碰巧一位空姐走过，看到牧师如此，便知道他一定是第一次坐飞机。空姐给牧师倒了一杯水，并说道："先生，您喝了这杯水会觉得舒服一点。"

牧师看了一眼空姐并问道："我们现在距离地面有多高？"

"我们正在两万英尺的高空上。"空姐如实说道。

听空姐说完后，牧师看了一眼窗外，然后说道："哦！那先不能喝了，现在离总部太近了。"

周围的人听到牧师的话，都哈哈大笑起来。空姐也在一旁笑了笑，然后说道："那么我先帮你把水藏起来，等到离远一点儿的时候，我再偷偷拿给你。"

这样一来一往的幽默，加上周围人营造的欢乐气氛，牧师开始觉得放松了下来，而且周围都充满着开心的笑声。

一个恰到好处的幽默，是治疗心理疾病最好的药物。它不会给我们带来身体上的损伤，也不会让我们觉得很痛苦，恰恰它总是能在我们不知所措的时候给我们带来慰藉和帮助。幽默可以让我们紧绷的心情得以舒缓和放松，所以，只要我们愿意并适时地运用幽默，那么就没有什么可以阻挡我们去享受快乐享受阳光。

幽默不但可以缓解我们自己的紧张情绪，还可以把原本紧张的气氛一起融进快乐，让气氛变得轻松和善起来，让原本很棘手的事情简单解决。

一位女士在房地产公司买了一块地皮，可是天不遂人愿，没过多久，这块地皮就被大水淹了，于是这位女士跑到房地产公司，要求公司给她退钱，可是房地产公司不同意，双方谁也不肯让步，就这样一直僵持着。

为此，房地产公司针对这位女士的地皮开了一个紧急会议，来讨论到底应不应该退钱给这位女士。公司员工众说纷纭，有人说考虑到公司的名誉和信誉问题，应当把钱退给这位女士，有人说这样公司就白忙活一场，这样的损失不应该承担，所以不赞成退钱。老板听取多方意见以后，发现还是无法做出正确的选择，为此费尽心机，终于想出了一个他认为两全其美的办法。后来老板针对这一事件在会议上说道："这件事情最好的决策就是公司来买一艘汽艇给她！"

而这位女士得知老板要买一艘汽艇给她的时候，她的抱怨顿时少了很多，也不再像之前那样咄咄逼人，最后，这位女士同意了房地产公司的决定，使得这件事情圆满地解决。这位房地产公司的老板，在面对如此难以选择的事

情上，依然能保持清醒的头脑，不失幽默地去解决和处理，并让这位女士接受，由此可见，幽默并不是感性的，而是理性的思维，它帮助我们解决各种突发难题。使原本棘手的事情变得简单轻松起来。

很多时候，无论是幽默的语言，或是幽默的处事态度和风格，都可以帮助我们解决事业上遇到的难题，既能帮助我们为客户解决问题，又能维护公司的利益和形象问题。

昂里埃特·比泥耶曾说过这样的话："幽默是我们身体中最为理智的一个部分，是治疗剂。幽默使我们驱逐恐惧，使我们发泄对权威的不满，使我们补偿自己的不足，使我们为自己的失败复仇。您的心理分析家曾经总是这样告诫您：'如果我们不在厄运面前发笑，我们就会从窗口跳楼自杀，或跑去扼杀同楼的邻居。'幸好，我们中的多数人都会笑，所以死亡率大大减少。"

幽默是精神上的一剂良药，它可以缓解人们的暴躁、紧张、焦虑等消极情绪，可以让我们的身心得到放松，以最好的精神面貌来面对我们的生活和工作。

★ 幽默让你时刻充满幸福感

幽默可以让人们感受到快乐，让周围的人感受到快乐，带给我们幸福感，让我们的内心总是充满阳光，远离消极的情绪。

有这样一个故事：在一个精神病房间里，里面的病人都表现出同一种状态，他们蜷缩在病房的角落里，对周围的事物会觉得很恐惧，无论听到什么声响都会紧张得要命。甲先生就是如此。他不会微笑，也不懂得什么是爱，在他的精神世界里，除了恐惧和消极以外，什么都没有。

医生们曾经尝试过用喜剧片来治疗甲先生。一开始，护士们会定时让他观看喜剧片，但并没取得什么明显的效果，甲先生还是和从前一样，对周围的事物依旧只是觉得恐惧，可是，这样经过一段时间以后，甲先生忽然发现病房里的气氛和以前有着明显不一样的地方，他发现他的病友们开始一点点学着互相交流，开始有了一些简单的交谈，后来他们渐渐交谈变得多了起来，很多时候，他们还会一起讨论各自的治疗情况。

由此可见，幽默是有改变人性格的力量。利奥·巴斯卡格利亚曾说过："一旦你只能抓住一根绳子的末端，那么就将其打结并且要牢牢抓住挥舞。"当我们在生活中遇到人生的低迷时，当你对现在的生活觉得失落、无助、无望时，要学着去改变自己看待问题的视角，很多时候，换一种看待问题的方式，你看到的结果就会不太一样，而这个时候，我们要学会用幽默来对待那些你无从下手，觉得很难的事情，这个时候你会发现，原本很艰难的事情就这样在快乐

和搞笑的方式下解决了，并且能够有效减轻人们对一些未知事物或是无法解决的事情的一种恐惧感，原来，事情本没有想象中那么可怕，我们可以利用幽默的力量来应对问题和难处。

幽默如今已经不单单是电视上某个喜剧小品或是某个喜剧电影的表演方式，它还是医疗上很重要的一种治疗方法，现如今已经有很多家医院用幽默的方式来帮助患者减轻疼痛，成为治疗方式的主流，巴尔的摩慈善总医院的精神科主任埃利亚·斯沙亚医生也认识到了笑对医疗上的的重要作用。埃利亚·斯沙亚医生提倡用看喜剧片或是讲笑话的方法来帮助患者们的病情康复，幽默可以使患者的情绪得到舒缓，帮助病人把注意力从自身的病痛身上转移开，从而为患者减轻痛苦。

《整体观医学护理》杂志上曾经刊登过这样一项研究："医生们在手术后，对一部分的病人进行了幽默的疗法，然后再进行一些痛苦的药物治疗，和没有进行幽默疗法的病人相对比来说，进行过幽默疗法的人的痛苦明显没有直接接受药物治疗的人那么难受痛苦。"由此可见，幽默确实能够减轻患者的痛苦，为治疗带来更好的效果。

幽默可以给人们带来快乐感，培养快乐感。丹·贝克写了一本书叫作《人们了解什么是开心》在这本书中，丹·贝克写道：欣赏是最早和最基本的快乐方式。即使我们遇到再大的困难和阻碍，遇到多么悲伤的事情，我们都不应该自暴自弃，消极以待，这样是没有用的。我们要学会用幽默的角度去看待事情，有时候我们可以用适当自嘲的方式来面对生活中那些不快乐的事情，来面对那些挫折和困难，于是你会发现，很多你觉得很艰难的事情开始变得容易了起来。而事情的困难与简单，其实只取决于你怎么去想，取决于你的心态。当你开始学着用幽默的态度来看待生活中那些问题的时候，你会发现消极的情绪慢慢地就远离了你，快乐时时围绕在你的身边，为你带来快乐、自信和勇气。

幽默可以传递幸福感。在小朋友的游戏中，有一种叫作"笑声传递"的游戏，小朋友把对方的头部顶在自己的腹部上，然后把自己的头顶在下一个小朋友的腹部上，这样一直到所有的小朋友都一个接一个的这样做下去。然后从第一名小朋友开始发出一声"哈"，第二个小朋友发出两声"哈"，下一个小朋友发出三声"哈"，以此类推，然后现场就会出现一片笑声。那么产生这种效果的原因究竟是什么呢？很多小朋友不是很理解，其实原因很简单，当前一个人发出"哈"的笑声的时候，腹部的张弛就会令人哈哈大笑。结果就是这个笑声影响其他人，当大家被这种接二连三的笑声感染时，自然而然的就会笑声一片。

由此可见，笑声可以感染身边的人，可以互相传递幸

福感。当你和别人沟通交流的时候运用幽默，那么对方也会被你的幽默所感染，跟随你带动的气氛走，让双方都感到快乐和轻松。然后对方带着这种快乐感再去和其他的人进行沟通和交流，这种快乐感和幸福感就会一直延续下去。

★ 幽默对身心健康的作用

幽默是人类智慧的结晶，它代表我们的一种乐观豁达的生活态度，它会帮助我们和身边的人变得快乐和幸福，让我们的身心变得轻松起来，与此同时，幽默对我们的身心健康也起到了很重要的作用。

幽默可以让我们的身体更加的健康，那么幽默对于健康的作用到底都有哪些？我们就此总结出以下几点：

一、可以加快人体的血液循环。当人们在大笑的时候，会促进血液循环的加速。美国的一所大学为此专门做过一项研究，他们抽取 20 个人让他们去观看幽默剧并监测他们的动脉血液流量，测试结果表明，这 20 个人中有 19 个人胳膊上的动脉血流量有所增加。而血液循环增加的原因是发笑可以加强人们心脏收缩，加快心跳的速度，从而促进血液循环，增加血流量。研究表明，笑能够平均增加 20%的血流量，增加血液循环的速度就会降低血液在血管壁上附着的概率。

二、能够缓解疼痛。发笑能够产生与吗啡相同作用的物质，能够起到很好的镇痛效果，并且不会产生副作用。

三、能够降低血压。很多人认为大笑会导致血压升高，其实是错误的，实际上，大笑的时候，血液能够有效的回降，原因是当人大笑的时候，体内产生的物质能够帮助修复血管，有助于促进血管壁的放松。

四、可以提高身体免疫力。科学家对观看幽默录像的人的前后血液测试对比发现，观看幽默录像后，人体血液中的抗体含量和白细胞的数量都比之前要增加很多，并且加快了身体内的抗体循环，这些可以大大地减少病菌增殖，增加人体的免疫力。幽默可以让人发笑，并且保持心情舒畅，而心情舒畅还可以让口腔唾液里的抗体大量增加，这样可以阻挡细菌的侵入，为身体的健康增加了保障。

五、可以提高肺功能。大笑的时候，人习惯性地会张开口腔和鼻孔，保持大量的呼吸，这样会促进肺部的扩张，从而增加肺活量，让呼吸系统更加的顺畅，使人摄入更多的氧气，排出更多的二氧化碳。有效地提高肺部功能，改善呼吸道，从而保证细菌的隔绝和排除。

六、能够促进人体消化。当人大笑的时候，身体某些部位会跟着一起运动，比如肩膀会耸动，胸膛摇摆，横膈膜震荡，膈肌上下运动量也会因此而大大增加，使内脏得到足够按摩，对消化系统十分有益，同时大笑还会促进更

多的血液流向肠胃，从而可以促进和改善消化功能。

七、使人体肌肉得到放松。当人们处于紧张状态的时候，牙齿会下意识地咬紧，而当人们通过幽默等方式大笑的时候，人体各个部位都会相对处于比较放松的状态，例如下颌会往下移动，可以发射性地拉动全身的肌肉，使人的肌肉处于松弛状态。大笑的时候可以带动身体各个部位在放松的同时产生运动，例如脸部、颈部、四肢、胸部等部位都会有运动产生，而大笑过后，这些部位就会变得放松下来。

八、有助于减肥。减肥的方法有很多，很多女性知道的方法有控制饮食的摄入量、运动、合理膳食等，而大多数人都不知道，其实大笑也可以消耗人体的热量，也是一种不错的减肥方法。人在大笑的时候，会带动全身80组肌肉的运动。一分钟的大笑与做45分钟的运动消耗的热量是等同的，不同的笑的程度，所消耗的热量数值也是不相同的，有研究表明，微笑10—15分钟，就可以消耗人体50千卡的热量，累积起来，一年就可以轻松减掉两千克的热量。由此看来，大笑是一个既健康又轻松、实用的减肥方法。

九、有助于养颜美容。前面说过大笑可以增加人体的血液循环，还可以将更多的养分输送给皮肤，并带走皮肤里的有害物质，所以，时常大笑可以增加皮肤的健康程度，并且能够降低皮质醇的含量，帮助消灭面部的痘痘，使你的皮肤光泽健康。

十、可以有效地减少偏头痛的发作。专家指出，长期的精神压力和紧张，会导致人们出现偏头疼的症状。而大笑可以保持精神上的放松，增加大脑的氧气供给，从而有效地减少偏头疼的发作。乌伦克鲁是德国科伦大学的一名教授，乌伦克鲁教授用科学的实验证明，大笑才是最好的放松方式。原因是人在大笑的时候大脑会呈现出空白的状态，从而使人释放出紧张和压抑的情绪，使精神得到充分放松。而大笑可以有效地促进血液循环，为大脑增加大量所需要的氧气。

总结来说，幽默不仅可以调节和改善人们的心理健康，还能调节和改善人们身体上的健康。幽默可以让紧张的心情得到放松、可以促使人体排出消极的情绪，有效地帮助人们来释放压力，减少焦躁和不安的情绪，也能够感染身边的人，使周围的人也变得快乐和轻松起来。

西方有这样一句谚语：每天一个苹果就可以摆脱医生的照顾。那么我们也可以套用这句谚语来说：每天笑一笑，就可以减少与医生见面的频率。

第五章

幽默让生活
更精彩

★ 幽默等同于快乐

幽默来自对生活的热情，生活中任何事物都可以变成幽默的素材。所以说，幽默能够带给人们快乐，让快乐无处不在。

事实验证，当我们心情美丽的时候会更容易说出幽默有趣的语言。这是因为，当我们心情愉快的时候，视野里的所有事物都会变得美好起来，思想会更加活跃，心境会更为豁达，想象力也会变得丰富起来，这样就给幽默带来发挥的空间。而当我们心情很差的时候，脑子里会反复想这些不开心的事情，所看到的人或事物也开始变得不顺眼起来，即使身边并没有什么太过于糟糕的事情，也许身边正发生着一些有趣的事情，可是我们通常都看不到这些快乐，眼中看到的只是消极的一面。

同一种生活环境，不同心态的人眼里看到的景象是不同的，乐观的人无论在什么时候，都会以一种积极向上、乐观进取的心来对待，用笑声来感染环境，而悲观的人则总是会以消极的心态去面对生活，无论生活中遇到什么样的事都会觉得很烦躁很无聊，这样的人是不会

变得快乐的。

大仲马是一位著名的作家，有一次，他的一位朋友问大仲马说："你苦写了一天，第二天怎么还会这么地精神？"

大仲马说："我根本没有苦写。我并不制造小说，是小说在我体内制造着他们自己。"

"那是怎么一回事呢？"

"我不知道，你去问一棵梅树，问它是怎么样生产梅子的吧。"

大仲马无论对待生活还是对待工作总是很乐观的，他并不觉得自己的工作对自己来说是一件痛苦的事。在他的心里面，工作可以带给他快乐和激情，而没有工作则是万万不可以的。而面对朋友对他的疑问，大仲马并没有解释太多，而是用幽默的语言方式让他的朋友去问梅子是如何生产的，借此幽默的方式来表达自己对于工作的态度。

一个人成功的原因有很多，需要先天天赋和运气，也需要后期的努力，更需要学会从生活的琐事里吸取养分来充实自己，这样才能孕育出成功的果实。幽默不是单纯意义上的天马行空的想象，幽默源自生活，并且回报于生活。

美国著名的音乐指挥家和风琴手马尔科姆·萨金特，他为古典音乐做出了很大的努力和贡献。在马尔科姆·萨金特70岁的生日时，有一位记者去采访他，记者问道："您能活到 70 岁高龄，应该归功于什么？"这位音乐家想了一想，然后幽默地说道："我认为我能活到这么大年龄，应该归功于这一事实，那就是我一直没有死。"

马尔科姆·萨金特这一生中都保持着一颗乐观向上的心，他每天都会给自己一个开心的理由，让自己以笑面对生活，就在这种幽默且平静的生活中享受着。

生活中，不可能总是一帆风顺的，我们时常会遇到一些不随心意的事情或是挫折。当我们遇到这些消极的事情的时候，我们就需要利用幽默的力量来帮助我们解决生活中的难题并且重新变得快乐。幽默帮助我们调剂枯燥乏味的生活，给生活增添许多笑料和色彩，让单调的生活变得有滋有味起来。

★ 幽默能够带来新生活

幽默会给我们的生活注入源源不断的活力和激情，幽默会让我们的生活变得多姿多彩，让我们更加热爱生活，让我们变成乐观向上、充满自信的人。

里根总统有一次访问加拿大，并受邀在加拿大的国会进行演说。里根在谈到美国的全球战略计划时，他明显显得情绪高涨，而就在此时，台下的一位议员也情绪激动地喊道："那是梦想！"里根听到后只是微微停顿一下，然后

朝那位议员的位置稍微扫了一眼，便继续他的演说，而当他讲到美国出兵某一国家的情况的时候，那个议员又情绪激动地喊道："美国人滚回去！"

因为大堂里很安静，所以那位议员的喊声就显得格外响亮，场上的每个人都觉得有些尴尬和不安，特别是在台上的那些加拿大政府要员。而这个时候，里根并没有停止他的演说，而是用更加响亮的声音对加拿大的总理说道："总理先生，我建议你维修一下那个方位的高音设备，那里的回音太大了。"而此时里根刚刚说完这句话，台下便响起了热烈的掌声。

1981 年 3 月，里根在华盛顿饭店门前被暴徒袭击，子弹打中了他的肋骨，穿透肺部，离心脏就只剩一点点距离。而这样的处境并没有影响里根的幽默。就在里根被送进手术室之前，面对匆匆赶来的南希，里根还连忙安慰她道："亲爱的，真对不起，当暴徒向我开枪的时候，我竟然忘记躲闪了。"

这件事情第二天便被纽约的某家大报纸所报道，报道的题目并没有用一些血淋淋的字眼，而是写道：里根忘记躲闪了！

里根总统在面对辱骂、面对恐怖袭击等事情的时候，仍旧能够保持幽默和淡定的态度，是很值得我们去学习的，他的幽默充分表现了他思想上的睿智和遇事的冷静。

幽默的语言对于我们来说，无论是在日常生活中还是出席一些重要的场合，都是必不可少以及十分重要的社交方式，它会让严肃的气氛变得活跃起来，拉近自己和在场的人的距离，减少陌生感。

★ 幽默能够带来甜蜜的爱情

爱情是美好的，我们每个人都会经历美好的爱情，而幽默也是爱情当中必不可少的调剂品。

有人说："男人是太阳，女人是月亮。太阳和月亮的光揉在一起，就会组成一个美妙的世界。"由此可见，爱情的组成方式是男和女，爱情是美好的，是连接这种组成方式最好的纽带。它会在经历苦难的时候，给我们提供安全感。

有这样一个故事：在大学的时候，有一位男生对一位艺术系的漂亮女孩产生了好感，可是这位男生并不知道女生的名字，也一直在找机会想要和女生搭讪，可是一直都无从下手。偶然的一次机会，这位男生看见心仪的女生走进了一家牛肉面馆，于是这位男生也毫不迟疑地跟着走进了这家店。他走到这个女孩的旁边并看着她，此时他心跳加速，仿佛有好多话想要和这个女孩说，可是一瞬间又不知道该说些什么好，于是就只好先问名字。他带着紧张的

情绪对这个女孩说："经常在校园里看见你，请问你叫什么名字？"这位女孩脸上露出疑问的神情并抬头看着这个男孩说道："我叫牛肉面啊！"这位女孩并没有告诉这位男孩她的真实姓名，而这个男孩并没有气馁，而是红着脸说了声"哦"。并接着说道："那么，我也给自己起个面名吧，我叫阳春面。"说完后，他看见这个女孩的脸上露出了灿烂的笑容。

后来，牛肉面和阳春面结了婚，这便是幽默的神奇之处。

幽默可以当作是爱情的催化剂，在男女处于爱情初期的时候，如果用幽默的语言来沟通和交流，那么爱情就会迅速升温。因为幽默可以拉近彼此的距离，激发爱的温柔的感触。生活中，时常会有男生或是女生长得都很漂亮很帅气，言谈举止也很得体，可是就是一直单身，并不是他们不喜欢爱情，而是不擅于在言谈中掺杂幽默。对于总是喜欢用幽默的语言来沟通的人来说，爱情大多都会很成功。

幽默的求爱会让女孩心动的概率变大，这样的求爱方式更加具有浪漫的意味。

一位年轻的小伙子喜欢上了一位姑娘，他还没有向这位姑娘表达爱意。有一天。他来到这位姑娘的家里，两个人一起围在火炉旁烤着火。然后小伙子对姑娘说道："你的火炉和我们妈妈的火炉一模一样。"

"是吗?"姑娘不经意地答道,她以为只是随意的一句话。

而小伙子确是有言外之意,他又幽默地问姑娘道:"你觉得在我家的炉子上你能烘出同样的牛肉馅饼吗?"

姑娘愣了一下,然后便晓得小伙子此话的含义。于是小姑娘欢快地答道:"我可以去试试呀!"于是两个人便真的在一起了。

富兰克林是美国著名的科学家。他1774年便丧偶,1780年在巴黎居住,那个时候他喜欢上了他的邻居,一位有教养又迷人的女士,而这位女士也在很多年前丧偶,至今单身,于是他决定向这位艾维斯太太求婚,为此他写了一封情书,而情书里的求婚方式极具幽默感。

富兰克林在情书中是这样说的:"我见到了自己的太太和艾维斯太太的亡夫在阴间结了婚,我们来替自己报仇雪恨吧。"

后来,富兰克林的这封情书被称作是文学的杰作、幽默的经典。

还有这样一位女生,用幽默表现出了自己的睿智。

这位女生接到了一位男士给自己写的信,信中说:"昨天晚上,我梦见自己向你求婚了,你怎么看呢?"这位女生用幽默的语言巧妙地答道:"这只能表明你睡眠时比醒着时更有感情。"

在人和人的交往中,不可能总是相处融洽,有时候也

会发生矛盾和口角，那么这个时候如果我们能够学会用幽默的语言来表达和化解，那么对方会更加爱你，可见，幽默是促成美好姻缘的红线。

幽默是月老手里的红线，可以让你早日找到属于自己的意中人。如果你已拥有世间最美好的爱情，那么千万不要吝啬你的幽默。因为它会是你的幸福宝典。

★ 幽默让你结识更多朋友

在我们的生活里，朋友自然是必不可少的，多一些朋友就多一些可能，俗话说的好：宁可多一个朋友，也不要多一个敌人。朋友可以在你遇到困难的时候伸以援助，朋友可以在你开心的时候和你一起分享，朋友可以在你失意的时候给你安慰陪你聊天。朋友是你一生的财富。可是很多人在与人交往的过程中往往会遇到这样或是那样的困难，那么究竟怎么样才能结识到更多的朋友呢？怎么样来与朋友们更好地相处呢？那么幽默为你解决一切困难。

每到上下班的时候，挤公交的人们一定都会有这样的遭遇，公交车上总是很拥挤，人与人基本都是贴在一起的，大家也都觉得很不舒服。有一位年轻的小伙子遇到了上班高峰期，人格外的多，大家在公交车上都挤在了一起，却没有一个人说话，后来这位小伙子大声对车里的人说道："喂，各位，大家都深吸一口气，缩小点体积，轻点挤，我挤得受不了了，都快挤成照片了！"大家在小伙子说完后都哈哈笑了起来，然后有一些人开始聊天，抱怨公交车上为什么人这么多，为什么这么挤，后来聊着聊着就聊到了这座城市的交通，聊到国家的管理上面。

车上的人渐渐地都开始三五成群地聊起了天，聊天的内容不再只是一味地抱怨，人和人好像都变得熟络了起来，不再是陌生人那种感觉，而车上的人依旧是那么多，那么挤，可是伴随着聊天，大家的注意力都从拥挤的公交上面转移开来，也不觉得那么难受了。

由此可见，陌生人在一起，如果有一个人变得幽默一些，会带动整体的气氛，让陌生人在一起不再变得尴尬，气氛也会变得更加活跃，交流更顺畅。故事中小伙子这样的做法是善意的，他帮助了车上的人们变得活跃起来，让他们的注意力不再集中在抱怨上面。很多事情是无法改变的，那么我们需要改变的就是我们自己的心态，心态改变了，看待问题的视角就改变了，就会发现很多事情或许原本并没有自己想的那么糟糕。

对于和陌生人交朋友来说，很多人觉得不知道如何去做，如何迈出第一步往往都是很让人苦恼的，如果我们想要结识更多的朋友，首先要做的是观察和思考，让自己变

得幽默机智起来，这样就会让气氛变得活跃，当别人和你相处时，也会觉得很愉快，这样自然而然就不会变得尴尬了，那么交朋友也就变得简单了起来。

在一条狭窄的小胡同里，两辆私家车走了个碰面，谁都过不去，可是谁都不想给对方让路，只是互相地按着喇叭。这样僵持了很久，一位司机居然还拿起一本小说来看，对面的司机看到了这一幕，摇下车窗探出头对对面的司机喊道："喂，老兄，你看完后借我也看看哈！"这句话一出，引得两位司机都不禁大笑起来，怒气都消失了，然后两位都主动去倒车让路。两个人就这样变成了偶遇的朋友，后来偶尔在路上遇到都会按喇叭示意一下，然后对方回按喇叭以示回礼。

那位司机用借书的捎带幽默的方式缓和了两个人之间的矛盾，让对方也笑了起来，这样他们之间的沟通就会变得很顺畅，不再有敌意。也促使事情很快地解决。可见，这位司机的机智思维。陌生人之间很多时候难免会发生一些小的冲突，当发生冲突的时候不妨我们学着大度一些，幽默一些，我们的幽默开了头，那对方也就会变得友善起来，事情就会很快很好地得到解决。

小仲马是法国著名的作家，代表作有《茶花女》等。一次小仲马去看朋友的演出，可是小仲马总是回过头去看后面座位上的人，并数着数。他的朋友见他如此模样，于是问小仲马在干什么，没想到小仲马说道："我在替你数打瞌睡的人。"不久以后，小仲马的作品《茶花女》要公演，小仲马也邀请了他的这位朋友来观看，这位朋友入座后也学着小仲马的样子回过头去数数，找了半天，终于找到一个打瞌睡的观众，这位朋友指给小仲马看，小仲马看后却说道："你不认识这个人吗？他是上一次看你的戏睡着的，至今还没睡醒呢！"小仲马说完以后，只见他的朋友哈哈大笑了起来。

对于小仲马和他的朋友之间的这种调侃，是建立在双方牢固的友谊的前提下的，双方都再了解彼此不过。所以这种调侃只会加深他们之间的友谊，不会有任何不好的影响。

交朋友需要用真心去交，而不是虚伪的客套和伪善，不然的话，就算交到了朋友，他们也不会以真心对待自己，所以，要想交到真正的朋友，首先我们要学会观察和思考，学着真正的去关心别人，替他人着想，再加上睿智的幽默，就能够找到真正的好朋友了，甚至也可以把不是朋友的人变成朋友。

★ 幽默为生活增添色彩

我们的生活中不可缺少沟通和交流，而语言作为沟通

和交流的一种工具,对我们来说是相当重要的一种工具。他能够直截了当地表达我们对待事物的看法和观点,也可以帮助我们弱化矛盾。这样有助于我们建立良好的生活态度,帮助我们树立人生目标。所以我们提倡的生活态度最好是要幽默的生活态度。

幽默的语言是在语言的表达形式中加入一些诙谐、搞笑的元素,以此来更好地表达我们所要表达的态度和观点。语言是人类文明的体现,现代人越来越注重语言的重要性和多样性,包括现在很多的电视节目也是更加开始注重语言类的节目,各种脱口秀,各种演讲,还有诗词歌赋大赛,等等,都体现了人类的语言文明和睿智。

有这样一个小故事:一位80岁的老人总是喜欢开玩笑,生活中老人总是会说一些话或是做一些事情来逗笑大家。

有一次,老人陪自己的小孙子在家里玩游戏,两个人互相问问题,轮到小孙子提问的时候,小孙了指着卡片问爷爷道:"哪个跑得快,是癞蛤蟆还是青蛙?"

老人看后毫不迟疑地回答道:"当然是癞蛤蟆啦。"

小孙子问爷爷:"你怎么这么肯定就是癞蛤蟆快呢?"

老人幽默地对小孙子说道:"一定是癞蛤蟆更快了,你什么时候见过饭店的菜单上有癞蛤蟆?"

老人说完后,全家人都跟着大笑了起来。

幽默会给我们的生活带来快乐和朝气,而在交际环境中运用幽默通常都是即兴的，意思是都是临场发挥，这样的幽默就需要我们具有敏捷的思维和智慧，还要有对周围人和事物的敏锐的观察力。

学会了如何运用幽默的语言，才能更容易办成一件事或是认识一个人，它是你成事当中万事俱备只欠的那一缕东风。所以，学会运用幽默的语言，并提升幽默感染力，能让我们的生活更加的多姿多彩。

那么幽默在我们的生活中，具体可以发挥哪些作用呢？总结如下：

1.幽默可以帮助我们放松情绪和心情，让我们处于更加缓和舒适的氛围。

2.幽默可以体现我们的智慧。

3.幽默可以帮助我们消除疲劳感，让身心得到放松。

4.幽默可以保护我们的身体健康，笑一笑让疾病远离。

5.在社交场合里，幽默的语言可以让我们更好地展现个人魅力，增加亲和感。

在了解了幽默在生活中所能给我们带来的作用以后，我们要学着如何才能拥有幽默感。

1.我们要有良好的生活态度和理念，保持我们的心态健康活泼、豁达高尚。这样才会产生乐观积极幽默的谈吐。心态很重要，对生活的热情很重要。

2.幽默不是盲目的搞笑，我们要有敏捷的观察力和充

分的想象力，观察力是一个人思想敏捷的表现，一个人思维敏捷，在语言表达的时候才能说恰当的话，适时的话。而不是一味地去搞笑。

在社交生活中，幽默可以让气氛变得活跃起来，让彼此沟通的对象时刻保持着轻松的心情，这样可以增加亲切感，增加人与人之间的交流。

★ 幽默给你带来趣味生活

从小学到步入社会，我们总是会遇到各种各样的困境和挑战，很多时候，这些困境和挑战让我们觉得很头疼、措手不及。这个时候如果我们学会运用幽默，那么幽默就能够很好地帮助我们去解决和克服这些困难和挑战。

幽默可以源源不断地给我们输送力量，帮助我们解决困难，通过语言这个媒介，我们也可以把这种力量传递给他人，并和他人进行更好的沟通。

学会了幽默，把它融入到我们的生活中，我们就可以用笑容来抵抗苦恼，用笑容来打败疾病，幽默是从我们内心发出的，只有我们保持良好的心态，幽默才会为我们所用。

幽默可以让我们在陌生的环境中避免尴尬，帮助我们调剂我们的人际关系，消除紧张的心情和压力，可以让曾经的敌人变成朋友，可以给我们带来快乐，增加我们的信心和做事的自信感。

我们的生活并不总是一帆风顺的，闹心事时常会有，当我们学会了幽默，就可以为我们的生活带来快乐和轻松的氛围，帮我们减压，避免琐事所带来的不好的情绪给我们带来的伤害，帮助我们变得更加快乐和幸福。生活中就有幽默的存在，每一件小事都可以成为幽默的载体，变成快乐的源泉，生活中并不缺少乐趣和幽默，缺少的只是发现幽默的那一双眼睛。

德斯坦曾经是法国的总统，德斯坦小时候很淘气，经常会用一些难以回答的问题去问他的父亲，为此他父亲很头疼，有一次，德斯坦考试没有取得好的成绩，成为班级里的倒数第十名，他的父亲为此很生气，德斯坦于是问父亲道："1 和 10 哪一个数值大？"

"当然是 10 的数值大。"父亲想都没想就回答道。

德斯坦又问："那么我考试排第十名，不是要比第一名好吗？你为什么不高兴？"

德斯坦虽然没有取得好的成绩，可是在他对父亲说的这番话里加入了幽默的元素，使得父亲原本很生气的心态得以弱化，消除了父亲的暴躁情绪。在此同时，也传递给我们这样一个道理：对于孩子们的成绩，不要过硬要求，要进行适当的疏导和引导，然后顺其自然，并不是每个孩子考试每次都会得 100 分，也不是每个孩子每次都只得 10

分。过分强求只会让孩子更加的厌学。讲求适当的方法才会解决事情。

生活就好像一出幽默剧，有时会让人捧腹大笑，有时也会让人觉得无奈，而这些都取决于我们自己的心态，把心态变得美好，那么生活在你眼里就会变得更加美好。

第六章

幽默帮助我们

远离困境

★ 幽默能够抵挡犀利的语言

有这样一个寓言：在古代的时候，一天早上刚刚落完雪，一位地主家的长工就披着一张羊皮做的斗篷来给财主打扫庭院。这位财主向来看不起长工这样的人。在财主醒来后，看到这个景象，便理所当然地想要挖苦长工一番。于是大声地对长工说道："喂，穷小子，你身上怎么长出一张兽皮？"

长工听后，随即知道财主是在挖苦自己，可是长工并没有生气，而是笑着对财主老爷说道："老爷，你的身上怎么长出一张人皮？"

财主被噎地哑口无言。长工把财主口中的兽皮换成了人皮反击财主，让财主无言以对，可见长工是多么地机智。对于财主的挖苦和看不起，长工并没有直接和财主起语言上的冲突，而是用反讽的方式让财主自己吃了一个憋。长工所要表达的意思再明显不过，而语言却并不犀利。所以财主哑口无言。

幽默会在你面对苦难的时候出来帮你抵挡攻击，是你的保护盔甲，而你需要懂得幽默的真正含义，这样才能很

好地去运用幽默，让它为自己保驾护航，幽默是每个人都会拥有的保护神，它的力量能发挥到多大，就看你怎么样去使用它。

幽默是一门语言艺术，幽默不是与生俱来的，是需要后天去培养和练习的。学会用幽默的语言和方式去处世，渐渐的幽默就会变成你的一种习惯，与你形影不离，这样在生活中你就能所向披靡。

学会运用幽默的人一般都具备敏捷的思维能力，可以完美地利用幽默来抵挡他人犀利讥讽的语言，并进行强有力的回击，语言上又不会显得太过激烈。幽默语言的杀伤力其实是很强的，完全不逊色于刀枪棍棒，反击于无形。

幽默不是单纯的搞笑，也不是单纯的武器，它是一种圆润的处世之道，教会我们如何去和他人交流，而对于他人语言上的不尊重，更应该用机智的幽默去反击，语言诙谐幽默又不失攻击性，正如下面这个例子，说的就是这个道理：

马雅可夫斯基是苏联有名的诗人，他曾经和反对者进行过辩论。

反对者问马雅可夫斯基说："马雅可夫斯基，你和浑蛋相差多少？"

马雅可夫斯基很生气，但是他并没有表现出来，反而是悠闲地走到了反对者的面前，然后说："我和浑蛋只有一步之遥。"

而在场的所有人在听到马雅可夫斯基的这句话后都爆笑不已。而那位用犀利的语言去攻击马雅可夫斯基的反对者则灰头土脸地掉头就走。

还有一个类似的故事：杜罗夫是俄罗斯著名的丑角演员。他参加一次演出，在后台休息的时候，一位傲慢的观众走到他的身边，看着他并讥讽地问道："丑角先生，观众很喜欢和欢迎你吧？"

"还好。"杜罗夫面无表情地回答道。

"要想在马戏班中受到观众们的欢迎，丑角是不是就必须要拥有一张无比愚蠢而又丑怪的脸蛋儿呢？"这位观众说完哈哈笑了起来。

"确实如此，"杜罗夫回答道，继而又微笑着对这位傲慢的观众说道："如果我能长出一张像先生您那样的脸蛋儿的话，我肯定可以在马戏班中拿到双薪。"

这位观众的傲慢语气再明显不过，很显然，这位观众并没有看得起杜罗夫，而是跑来挖苦杜罗夫，而杜罗夫把这位傲慢的观众的脸蛋与自己的薪酬拿来调侃，从而对这位观众进行了有力的回击，而在语言上并没有什么冒犯，由此可见杜罗夫的机智。

在上面两个故事里，马雅可夫斯基和杜罗夫都用幽默的方式向对方进行了有力的回击，将他人的不尊重消灭于

无形，由此可见，幽默可以有力地抵挡住外界的犀利不尊重的语言。

★ 学会自我调侃

在生活中，我们需要用豁达的心境来对待，为人处世都要积极向上、豁达乐观。带着这样的处世态度，不妨偶尔调侃一下自己，百利而无一害。

调侃自己需要把自己变成一个局外人，更需要豁达的心态，要完全放开，让自己变得随性。

英国前首相丘吉尔曾经就是这样做的，有一次丘吉尔应邀到广播台进行一场演说。在去往广播台的途中车子忽然发生故障，时间不够，丘吉尔只好下车来到路边招来一辆出租车，上车后丘吉尔对司机说："载我去广播电台。"

"抱歉，我不能去，我正要赶回家开收音机听丘吉尔演讲呢！"司机说道。丘吉尔听到给了司机一笔可观的小费。司机看到小费，不禁有些动心了，于是说："我还是送您去吧，就不听演讲了。"

丘吉尔听后调皮地说道："开车吧师傅，去他的丘吉尔。"

丘吉尔对待司机的谦和态度值得我们去学习，面对计程车司机，他并没有把自己当成是英国的首相，而是一名普通的乘客，并且十分幽默诙谐的和司机调侃着自己。

调侃自己，很多时候我们是在拿我们自己的短处来调侃和自嘲，如果一本正经地说出自己的短处，哪怕是自己都很难以说出口，而调侃就不一样，调侃会让你很轻易地说出自己的短处，而听众听后也只是哈哈一笑就过去了，不会产生尴尬，也可以增加亲和力，让他人对自己更加有好感。

有这样一位学者，他的个子非常矮，妻子总是嘲笑他的身材短小，每当这个时候，这位学者就会笑嘻嘻地对妻子说："我觉得我还是矮一点比较好，如果我不是一米五七，现在能够著作等身吗？如果不是我身材矮小力气小，每次我们争吵的时候你能总是占尽上风吗？如果不是我长得矮，你能这么优越地嘲笑我个子太矮吗？"学者说完，全场都为学者这一番话鼓掌叫好，由此可见幽默的语言魅力，调侃自己的同时，也捧了身边的人。

还有一个类似这样调侃自己个子矮的故事。一位年轻人天生就很矮小，也是因为这个原因，这位年轻人已经快30岁了却仍然没有女朋友。一日中午休息的时候，办公室的同事们凑在一起聊着天。同事们拿这位年轻人开玩笑，调侃道："小李啊，现在的女孩有哪个能看上他！"另一位同事紧接着说道："话不能说得太满，人家武大郎也矮，不是还娶了潘金莲呢吗？""哈哈，如果他能去打篮球，那该多好玩……"这个时候，办公室的门被打开，这位年轻人

从旁边走了进来，大家一看这不正是刚刚被大家拿来开玩笑的小李吗！原来这位年轻人由于中午需要加班，所以就在办公室的隔间里一直工作着，并没有午休回家，而对于同事们刚刚说的话这位年轻人自然是也全都听见了，这一瞬间，同事们都没有了声音，大家都尴尬地看着对方，而这位年轻人走出来后，并没有表现出生气的样子，反而是笑着开玩笑地对大家说道："是啊，我这个身高肯定是打不了篮球的，可是打羽毛球你们可不是我的对手，下象棋，你们又有谁能赢得过我？苏联精挑细选出来的第一个宇航员，还不是身高矮占了优势，高个子的反而还不行呢，再说了，万一哪天天忽然塌了下来，还不是你们高个子的去顶着……"

年轻人的这一番话，化解了自己在办公室的尴尬气氛，大家也都笑呵呵地说着笑着，彼此调侃着，还有人说要给这位年轻人介绍一个好姑娘。

很多时候我们都会不经意地听到有些人对自己出言不逊，这个时候，如果我们不是表现得很生气，而是用捎带调侃自己的话语去和对方交流，既不会加深彼此间的矛盾，还让对方听到后哑口无言，有些更会对自己觉得不好意思，而我们这些调侃自己的话语，也充分得表明了我们的大度，并让别人对我们更加尊重和尊敬。

当你用自己的短处来进行自我调侃的时候，人们不但不会觉得这是你的短处，不会觉得你的短处有多么地不如别人，反而这种语言方式会让别人更加亲近自己，并且觉得你十分地幽默，容易靠近，而通过这种调侃也能表现出你的睿智，让别人更加信赖和尊重你。

★ 学会用幽默的方式表达自己的态度

幽默的语言艺术有很多种表达形式，模糊语言就是其中的一种，在日常相处和社交生活里模糊语言往往会起到很重要的作用，它可以淡化人和人直接的矛盾，而模糊的语言艺术并不是字面理解的模糊的意义，反而这种模糊的语言艺术很多时候能将我们自己的态度和观点很清晰地传达给对方。

卡耐基认为：对于一些话题比较尖锐的事情，最好的方法便是使用模糊语言，给对方一个模糊的意见，或者多用一些类似"好像、可能、看来、大概、也许是"这样的字眼来说话，这样会给自己所阐述的内容留下一些余地，而语气相对来说也会比较委婉，无论是对自己还是对他人都不容易造成伤害。

把模糊语言的这种表达方式运用到幽默里，会让幽默的效果更好，并且还能直接明了地点出其中蕴含的意义，促进彼此的有效沟通。在一些重要场合，很多时候我们会

碰到一些棘手和尖锐的问题，那么这个时候，模糊语言就是一种很好的沟通交流方式，很多问题介于回答和不回答之间，在你不知该如何选择的时候，千万不要忘记有一种语言叫作模糊语言。

迭戈·马拉多纳是一名著名的足球明星。一次迭戈·马拉多纳所在的球队和一支英格兰的球队打比赛。而马拉多纳踢进的第一个球却变成了当时争议不小的"问题球"，还有据说当时墨西哥的一位记者还拍到了马拉多纳是用手将球打进的。

后来很多记者为此特意去采访马拉多纳，记者们问马拉多纳究竟那个球是用手打进的还是用头部顶进的，马拉多纳那时候忽然觉得如果他直接承认"确实如此"，则记者们不会继续听他往下解释，而按照足球运动惯例，裁判的当场判决以后是不能更改的。可是如果马拉多纳不承认，又有失"世界最佳球员"的做事风格。马拉多纳想了想，然后幽默地说道："手球一半是迭戈的，头球一半是马拉多纳的。"

马拉多纳这样说，正是运用了模糊语言的表达形式，既没有承认是用手打进的也没有否认不是用手打进的。既保持了自己明星球员的风度，又肯定了裁判的权威。

模糊语言是一种智慧的表现，这种语言总是能够把矛盾轻而易举地化解，让人摆脱被动的局面。

有这样一个小故事：一位年轻的夫妻和他们的妈妈在湖上划船，这位年轻的小伙子的妻子刚刚怀孕不久，丈母娘有意想要试探一下这个小伙子，于是便问道："如果我和你老婆一起掉进水里，你打算先救哪个呢？"这是一个很久就存在的问题，也是一直无解的一个问题，无论小伙子如何回答，都会得罪另一方。而这位年轻的小伙子稍微想了一下便说道："我先救妈妈。"母女两个人听后都很是满意地笑了起来，"妈妈"字面的意思是指丈母娘大人，另一层隐含意思又是刚刚怀孕不久的妻子。所以妈妈这个词语一语双关，既没有表明先救丈母娘也没有表明先救妻子。一语双关，恰到好处。我们在看新闻的时候或是参加一些重要会议的时候，听到台上的代表发言，总会觉得一板一眼，平淡无味，但其实这些字里行间所表达出来的意思往往都是很深刻很尖锐的。而他们正是用了模糊语言的表达方式，把尖锐的事情委婉地表达了出来。例如我们在看电视新闻的时候，时常会听到某外交部发言人在谈话中提到"宾主双方进行了坦率的会谈"，这句话中"坦率"的意思其实就是有很多层含义的。不同的人理解这个词的意义也是不同的。还有例如我们也时常会听到"应当促进双方的交流"这样的话语，它背后的含义就是说明其实双方的共识太少，彼此之间有比较深的成见。而当遇到这些问题的时候，运用模糊语言的表达方式就会比较妥当，既表达了

问题的核心，又避免了语言上的尖锐引起不必要的成见。

由此可见，一些尖锐激烈的话可以用委婉的方式来表达，而这种委婉的方式就叫作模糊语言。模糊的语言表达出来的是一种智慧，其中也蕴含着幽默的力量，把幽默和语言艺术完美地结合在一起。

★ 用幽默装傻化解尴尬

生活中我们不免会遭遇一些尴尬的处境，有时候是我们自己处于尴尬的环境里，有时候是看别人处在尴尬的环境里，但无论是哪种，都会让人觉得很不舒服，而这个时候就可以看出，在这种场合中，顾全他人的情面是很重要的一件事情。

尴尬的场合不同，形式也不同，那么无论是何种的尴尬，我们都可以用幽默的语言去应对，可以假装没听懂或是不知道，故意装傻，或是说一些傻话，让大家觉得这种尴尬就像从没有发生过一样，这个可以叫作幽默糊涂法，可以帮助我们摆脱尴尬的困境，达成愿望。

有这样一个故事：一家高档酒店招聘客房服务人员，负责招聘的经理给应聘者们出了这样一道考题："假设你不小心把房间门推开，看见一位女客人一丝不挂地在沐浴，而她这时也看见了你，你该怎么办？"

第一位应聘者回答道："说声'对不起'，然后关门退出。"

第二位应聘者回答道："说声'对不起，小姐'，然后关门退出。"

第三位应聘者回答道："说声'对不起，先生'，然后关门退出。"

最后的结果是第三位应聘者被录取了。

通过上面这个例子我们不难看出，前两位的回答明显是让客人有了心结和不高兴甚至是愤怒的情绪，只有第三名应聘者的回答带着幽默，又带着模糊。他把小姐称作是先生，意在告诉对方他并未看清屋内的人是男士还是女士，这样的回答可以让女客人只是觉得虚惊一场，并没有造成损失，对客人而言也是一种心理安慰，所以第三名应聘者的方式方法最为合理和恰当，所以第三名应聘者被录取。

在社交过程中，当人们遭遇到尴尬的时候，通常会默不作声假装毫不在意，但实际上，这种尴尬的情绪已经让尴尬的人心生芥蒂，假装不在意，并不等于真的不在意，所以当发生这类尴尬的时候，首先应该利用幽默去说一些傻话痴话，让当事人真正地从心里得到释怀。这才是最好最恰当的办法。

那么究竟如何运用幽默来化解尴尬呢？

一、稳定情绪，当遭遇尴尬时，通常人们表面表现得

很不在意，但其实内心可能是气愤或是羞愧或是焦燥，这个时候首先要稳定住情绪，用良好的心态来从容面对现场。

二、一直装糊涂。遇到尴尬的场合，我们不妨装傻一下，然后用幽默的小段子或是一些幽默的语言把话题引到其他的主题上，转移开大家的注意力，这样就让尴尬的气氛得以缓解，慢慢的大家也就忘记了。

三、用幽默的回答应对难题。当别人给自己出一些难题想让自己难看的时候，我们不能慌张，放平心态，然后用幽默淡定的语言回以漂亮的一击，这样不仅娱乐了别人也可以娱乐自己。

四、恰用自嘲，利用自嘲的方式来帮助自己解围，既可以让大家哈哈一笑一带而过，也可以让别人觉得我们很宽容，勇于直面自己的缺点，为我们带来更好的人际关系。

★ 用幽默的小故事表达自己的观点

学会把自己的观点融入到小故事当中，并不直截了当地说出来，这是一种明智的处事方法，是一种诙谐幽默的表达方式。

俗话说：只可意会，不可言传。说的就是这样的道理。很多时候面对一些事情你会突然发出很多的感慨，但是让你说出你具体感慨些什么的时候，你却无法很好地形容出来，就例如你看了一篇电影，其中很多包袱让你觉得很是感慨，有打动到你，看完后让你去写一篇观后感，那么可能你就没有了兴趣，不想也无法提笔去写。

而具体该如何很好地把这句话的含义运用开来，值得我们深入去研究，例如当我们被问到一些不想回答的问题的时候，我们就可以利用这句话的思想来应对搪塞过去。但是这个方法并不适用于所有的场合，例如，在公共的场合，遇到领导提问或是记者采访或是更加正式的场合，这样用托词来搪塞就不合时宜了。

如果对方问一些自己敏感或是根本不知道如何去回答的问题的时候，我们应该怎么办呢？如果选择不回答，则会显得傲慢无礼并且无知，如果回答又找不到合适的语言形容，这时候你可以做的是找一个类似的故事或是事例，来表达相同的道理，并让对方认同这个道理，然后用这个道理幽默地来回答提问者，这样答案就算你不明说，对方也应该知晓了。

当你把这句话融会贯通的时候，也许你还会让提问者自己回答自己提出的问题，那便更好了。这就需要你学会在为人处世中寓理于事，这样你不说明，别人也会明白。总结来说就是当别人提出难题要你来解答，而你找不到合适的语言来形容和回答的时候，你可以找到一个类似的事例，讲给对方听，并让对方说出其中的含义。然后把话题

引到最开始的问题上，表明对方刚刚的回答，这是这个问题的解答。这样不知不觉的你就从困境中解脱了出来。

大家都知道罗斯福曾连任美国总统，在他连任当选的时候很多记者都争先恐后地想要采访罗斯福连任的感想，一位年轻的记者有幸得到了罗斯福的接待。在会面时，罗斯福并没有直接回答记者的问题，而是先请这位记者吃了一块蛋糕。

面对这种接待，记者觉得很荣幸，于是很开心地快速把蛋糕吃完了。可是罗斯福又请这位年轻的记者吃了一块蛋糕。于是记者又把第二块蛋糕吃掉了，当这位记者以为可以采访总统的时候，罗斯福又让人给这位记者上了第三块蛋糕。记者还是觉得很荣幸，能得到总统的优待，虽然已经吃不下了，但是还是坚持吃了下去。

当记者刚吃完，只见罗斯福又对这位记者说："请再吃一块吧！"

记者赶紧对总统说已经吃不下了。罗斯福停顿了一下，然后笑着对这位记者说："那么我想我不需要再谈什么连任的感想了吧？我想刚才您已经亲身体验到了。"

罗斯福这个举动正是印证了开篇所说的那个道理，他并没有直接用语言来回答这位年轻记者的问题，而是用请记者连吃4块蛋糕的方式来说明他想要表达的意思，在这种幽默的行为当中让记者去感受自己的问题的答案，而实际上，罗斯福又确实是什么都没有回答。这就是高明之处。

语言是一门艺术，但有时候，过多的语言又显得平淡无味，不足以表达内心的想法。例如你和朋友一起去爬山，当你们爬到山顶的时候，你被山顶的景色所深深地吸引，这个时候，你的朋友问你看到这样的景色，内心有怎样的感慨，你会突然有扫兴的感觉，所有的兴致都没有了，这个时候，表达内心的感慨还不如默默欣赏风景，用心去体会那种震撼。

有些话不用说得太明了，懂得人自然懂，也可以利用幽默去举例子，举例说明你不想回答或是不好回答的话。

幽默的力量就在于此，它会将自己的道理和想法用一些行为方式来表达出来，不一定需要明说，就让对方知晓自己的意思。

★ 学会用谐音字把贬义变褒义

什么是谐音字？是指利用语音相同或相近的关系，有意识地使用语句的双重意义，言在此而意在彼。人们可以利用谐音来把幽默融入其中，帮助自己摆脱困境。因为谐音词并不代表着意思相同，只是语音相似，所以在一些场合中，当我们把本音换成谐音字的时候，所表达的就会是另一番意思，可以帮我们摆脱尴尬处境。

　　幽默的语音方法中最能逗趣的一种方法大概就是谐音的运用，它也是被大家广泛运用的一种方式。熟练运用幽默的人，对谐音的运用方法并不陌生，甚至能够张口就来，并且运用得相当得体，又不失趣味性。

　　古代有这样一个寓言小故事，说的正是这样的例子：古时候，有一位叫薛登的人，非常聪慧，他的父亲是当朝的一名宰相。朝堂之上总会有钩心斗角之事，总会有泼自己脏水之人，而薛登的父亲就受此遭遇。当时有个大奸臣明教金盛，他总是想方设法地想要诬陷薛登的父亲，但是苦于薛登父亲宰相的职位，不好下手。于是便打起了薛登的主意。有一次，薛登正和孩子们在一起玩耍，被金盛撞见了，金盛眉头一紧，顿时心生一计，对薛登喊道："薛登，你的胆子比老鼠还小，不敢砸皇门边上的木桶。"

　　而薛登还小，并不知道这是金盛的诡计，于是听了这话后，便立马跑到了皇门边上，把立在边上的一只木桶砸碎了，金盛见到，心生一喜，立即把此事报告给了皇上。皇上听后龙颜大怒。于是立刻就命人传旨召见薛登父子。

　　薛登父子来到了大殿，跪下，此时的薛登并不知道发生了什么事。只见皇上怒喝道："大胆薛登！为何要将皇门旁边的木桶砸碎？"

　　薛登听后，立即明白皇上震怒的真正原因，于是想了想后反问皇上："陛下，您说是一桶（统）江山好，还是两桶（统）江山好？"

皇上听后立马说道："当然是一统江山好。"

薛登听皇上如是说，于是高兴得拍起手来又说道："陛下说得对！一统江山好，所以我便把那只多余的木桶砸碎了。"

皇上听后顿时觉得薛登说得很有道理，怒气也就不见了踪影，反而觉得薛登是个人才。于是皇上称赞道："好一个聪明的孩子！"说完又对宰相说道："爱卿教子有方，快快请起！"

金盛见此并不甘心，于是又悄悄对皇上说道："薛登临时胡编，算不得聪明，让我再试他一试。"皇上点头答应了。

于是金盛又对薛登说道："薛登，你敢把剩下的那只木桶也砸碎吗？"

薛登此时已知是金盛在陷害自己和父亲，听到金盛如此说，心中早有计策，于是瞪了金盛一眼，说道"砸就砸"便头也不回地跑了出去。薛登来到门外，又把皇门边上仅剩的一个木桶给砸碎了。

皇上见状，立马喝到："顽童！这你又要如何解释？"

可薛登并没有慌张，而是又反问皇上道："陛下，您说是木桶江山好，还是铁桶江山好？"

皇上听后马上知晓了薛登的意图，于是回答道："当然

是铁桶江山好。"

薛登得到皇上的回答之后，笑着拍手道："陛下说得对。既然铁桶江山比木桶江山好，那还要木桶做什么？陛下快命人铸造一个又坚又硬的铁桶吧！祝吾皇江山像铁桶一样坚实。"

皇上听薛登此番话高兴极了，立刻便下旨，把薛登封为"神童"。

在这个寓言故事里，薛登妙用了谐音，把"一桶"说成了是"一统"正是用了谐音这种表达方式，一语双关，挽救自己于危难之中。不仅仅古代人会运用谐音的方法，同样，现代社会的人，也同样可以很好地运用谐音词。

一天，小沐邀请他的两个好朋友一起来家里玩耍，三个人玩起了猜拳行令，玩得都很开心，于是他们聊到了三个人的兄弟情义，更是觉得好得不行。在兴头上，小沐学着电视里的样子，掏出一包烟，给两个好朋友都点上了，然后又给自己点了一根。当他点完烟以后正要把火柴吹灭，却看到两个好朋友有些不高兴了，小沐恍然，原来三个人是不能同时用一根火柴来点烟的，因为一根火柴三次点火的谐音是"散伙"，不吉利。

对于这个尴尬的场景，小沐一笑而过，然后说道："咱们这都有这个说法，说是三个人不能用一根火柴点火，不吉利，意味着要散伙，但是我觉得不应该这么解释。三个

人用一根火柴点烟，意味着我们不分彼此，是'三人一伙'
的意思，而不是散伙，所以我刚刚是故意用一根火柴来给
咱们三个人点烟的，这说明，我们三个人以后永远都是一
伙的，不分什么你我，你们说我说得对不对！"

两个朋友听到小沐这样说，都觉得很有道理，于是齐
声说道："是的！我们永远都是一伙的。"

面对这样的尴尬处境，小沐没有慌张，而是同样用了
谐音的用法，把贬义变成了褒义，让气氛重新融洽起来，
也增进了三个人之间的友谊。

第七章

幽默帮你解决

难办之事

★ 用幽默的方式道歉

犯错后我们都需要去请求别人的原谅，需要去道歉，可是道歉对我们来说并非一件容易的事情，道歉需要我们放下颜面去和别人低头，很多时候，道歉的一方会觉得很难为情，可是又不得不做，使得道歉变成一件很难的事情。道歉其实也是有学问的。如果我们学会运用幽默的方式去道歉，那么道歉也就变得不再那么困难，你会发现原来道歉也没有想象中的那么难以启齿。所以，我们都应该学着用幽默的方式去表达歉意，这样不但不会让我们丢失面子，也会帮助我们缓和关系。

有这样一个故事，说的是一对夫妻吵架。他们互相赌气，好多天都互相不理不睬。丈夫就在想，自己是一个男人，男子汉大丈夫，不应该和老婆去计较，这样反而显得不太大度，有失自己的风度。

于是，当天晚上，在夫妻俩临睡觉前，丈夫在床头柜上放了一张字条，上面写道"孩子他妈，明天请在早上6点钟叫醒我，我有急事需要处理。落款是孩子他爸。"

而第二天早上当丈夫起床的时候，发现已经7点了，

而妻子并没有叫醒他，于是丈夫想难道妻子还在生他的气还是并没有看懂字条的意思，丈夫想到这又开始生气，转过头却发现他的床头柜上同样有一张字条，上面这样写道："孩子他爸，快醒醒，快醒醒，已经6点整了。落款是孩子他妈。"

看到妻子的这张字条，丈夫无论如何也气不起来了，于是他拿着这张字条跑到了妻子的面前，然后两个人就都笑了。

直白的道歉很多时候能让两个人重归于好，可是有很多时候只是由于有一方先低头所以对方才会原谅，但是内心里并没有真正的原谅。而幽默的道歉方式可以让双方从内心都变得心平气和，重归于好也是分分钟的事情。所以在直白和幽默的含蓄之间，我们不如选择幽默地去道歉。既完成了道歉这件困难的事，又让双方不再心存芥蒂，皆大欢喜。

有这样一位先生，他是做生意的，时常出差，各地跑，所以他经常会忘记妻子的生日。而妻子也因为他忘记生日这件事和他发生了好几次不愉快。于是这位先生便向他的妻子保证以后一定不会再忘记她的生日了。可是说到容易，做到却不容易，今年这位先生又把妻子的生日忘记了，妻子很生气，索性也就不去提醒她的先生了，过了三天，这位先生才想起妻子的生日。于是这位先生马上给妻子买了一份精美的礼物，然后送到妻子跟前，并说道："亲爱的老婆大人，你的样子真得是太年轻了，我都还没反应过来你就又长了一岁。也难怪我总是记不起你的生日。"而妻子因为他忘记自己生日的事情本来是很生气的，可是看到老公为自己精心挑选的礼物和这句暖心的话，脾气就全然不见了。

如果这位先生没有用这种幽默的方式和妻子来道歉，而是直接了当地和妻子说他忘记了，并道歉，估计妻子也不会这么快就原谅他。

如果你也正因为某件事情而不知如何去道歉的时候，不妨试着用幽默的方式去换取别人的原谅。幽默是一种生活态度，是一种个人魅力。用你的生活态度去影响他人，用你的个人魅力去感染他人。

由此可见，对会使用幽默的人来说，道歉并不是一件太过于艰难的事，用幽默的语言方式来道歉可以让双方都变得开心快乐起来，让人不忍拒绝。

★ 在幽默中加入微笑

有人是这样来形容幽默的：真正的幽默很多来自于真诚的热情而少于理智的思考，幽默不是鄙夷，不是出现在哄笑里，他的真正意义在于爱，出现在爱的笑容里。

在人们的社交生活里，微笑是最常见的一种表情，微

笑代表着友善，代表着一种礼貌。而幽默又不是单纯的谈笑，也不是具有攻击性的嘲笑。它代表着积极向上的生活态度。幽默能给我们的生活带来激情和热情，让我们时刻都保持积极乐观的生活态度，所以，我们应该让幽默时常存在于我们的生活里，给我们的生活增添色彩，让我们的人生变得丰富多彩、阳光快乐。

微笑是一个人自我修养和礼貌的标志，它代表着一个人的涵养和情感。在一些重要的场合里保持微笑，可以增进彼此间的亲切感，让他人不抗拒自己，很容易接纳自己。也可以说，微笑是智者的标志性表情。

生活中我们会遇到形形色色的人，有善良的，有恶意的，有好的，有坏的。面对这些人，其实仅仅用一种表情就可以，那就是微笑。有过这样一个调查，对于服务这个行业，顾名思义，肯定是要服务至上，所以有人说服务业的老板都有一个共识，那就是宁可雇用一个没有学历，但是能时时保持微笑的职工，也不愿意雇用一个面孔冷漠的高学历应聘者。话说得比较生硬，但道理确实如此。

有一位女士和朋友一起搭乘出租车，要去的地点有些远，于是一路上这位女士和她的朋友们都和司机有说有笑。但是这一路上遇到了好多红灯，眼看着就要到目的地了，居然又碰到一个红灯。朋友们有的开始抱怨道："真倒霉！这一路竟遇到红灯了，眼看着要到地方了，又遇到一个红灯。"朋友说完后，司机回头对乘客们露出了一个笑容，并说道："不倒霉！这个世界是很公平的，你们看，等绿灯亮起时，我们总是第一个走的。"

司机一个简单的微笑和一句简单的话让这位女士和她的朋友们不再有抱怨，也变得不再焦躁。其实快乐是一件很容易的事，就看遇到事情时你去怎么思考。快乐产生于对待同一事情不同的视角。所以学会用笑容来面对他人，你会发现整个世界都在以微笑来面对自己。

微笑是一个人内心的表现，以及一个人涵养和谈吐的表现，所以这样的人才会具备幽默语言的素质，才会很好地把幽默融入到生活中。要想打动一个人，首先要打动他的内心，最能感染人的往往也是发自内心、真情实意的微笑。所以当遇到一些辩论或是谈判类的场合时，微笑，无疑是最有力的武器。

如果你想成为一个受大家欢迎的人，你想成为一个有感染力的人，你想成为一个自信成功的人，首先要学会的就是微笑。那么微笑应该怎样培养和练习呢？我国著名的电影表演艺术家孙道临这样说：微笑，你只需要在嘴上念一声"茄子"就行了。

针对微笑的培养和练习，专门做了以下几种建议供大家参考：

一、首先要观察并总结微笑的特点：例如微笑的时候，

口腔需要打开到什么程度比较合适，微笑的时候嘴巴需要呈什么形状，嘴角是平的还是向上扬的，练习的时候可以对着镜子或是两个人互相面对面练习都可以。

二、记住以上问题的答案：口腔打开到不露齿或刚刚露齿缝的程度，嘴唇呈扁形，嘴角要微微上扬，然后重复练习。

三、微笑要分场合，例如比较严肃的重要场合或是突发事件时候就不能面带微笑。而在日常生活中微笑也要适度，根据具体情况具体来衡量定夺，切记微笑要发自内心，而不是皮笑肉不笑，那样会起到反作用。

所以恰到好处的微笑，可以帮你建立良好的人际关系，增加我们办事的成功率，帮助你处理困难的事情，为你排忧解难。

★ 把幽默当作应对意外的武器

意外可以分为很多种，有让人惊喜的意外，有让人尴尬和无奈的意外，有让人悲痛的意外，生活中意外总是很容易就发生。懂得在生活中运用幽默的语言的人，在面对突发意外的情况时，会更加得从容。

一些幽默大家、喜剧人，他们都有一种顽强的意志力，聪明伶俐，自信敢为。当然他们最富有魅力和打动人心的武器，那便是幽默这把宝剑。宝剑在手，所向披靡。而幽默在心，更加所向披靡。

幽默不仅仅是一种语言艺术，它也是成功人士的成功必备素质之一。幽默可以帮助人们从默默无闻一直到获得成功，在陪伴和帮助我们的同时，也为我们带来了强大的人格魅力。

通常来说，具备较高情商的人一般他们的幽默感也是很强的，做事情也就更容易成功，幽默是一种逆向和放射性的思维方式，通常幽默感强大的人在面对某件事情时的看法，往往和普通人对这件事的看法是不同的。

普鲁士宰相奥托·冯·俾斯麦，是19世纪中叶以"铁血宰相"的称号被载入史册的人，他的性格十分幽默，也很善于运用幽默来抵挡和解决一些困难的问题。

有一次，俾斯麦和他的朋友一起去沙漠中打猎，他的朋友不小心陷到了流沙里，于是他的朋友大声地向他呼救，俾斯麦听到呼救声后赶紧跑了过来，可是俾斯麦并没有去救他，而是对他的朋友说道："虽然我很想救你，可是那样做的话我也会被拖入到流沙中。所以，我不能救你，但是我又那么不忍心看到你在流沙里面这样挣扎着。那么我想唯一的办法就是让你死得痛快些。"说完，俾斯麦举起了猎枪对准他的朋友。而他的朋友看到俾斯麦如此对待自己，拼命地挣扎想要摆脱流沙，不被俾斯麦枪杀掉。就这样俾斯麦的朋友奋力地挣扎着，不一会，俾斯麦的朋友便自己从流沙里爬了出来。而其实之前俾斯麦所说的那些话也正是希望他的朋友能够靠自己的力量解救自己。

在俾斯麦做军官的时候，他寄宿在别人家里，这家人特别吝啬，并且十分讨厌普鲁士人。有一天，俾斯麦想要房东在他的房间里安装一个电铃，这样在俾斯麦传唤部下的时候便不用每次都大喊大叫。可是这样的要求被房东毫不留情地给拒绝了。对此俾斯麦并没有说什么。当天晚上，房东听到俾斯麦的房间里传出了几声枪响。房东很害怕，根本不清楚情况，以为是发生了什么枪战。于是赶紧跑到了俾斯麦的房间去查看，当他推开俾斯麦的房门时，眼前的情况让他有些摸不着头脑，俾斯麦正沉着地坐在自己的书桌前面认真地工作，而房间里什么都没有发生，除了在书桌上那个枪口还在冒着烟的手枪。房东于是问俾斯麦道："刚刚的枪响到底是怎么回事？"俾斯麦很淡定地回答他："没什么，我只是在和我的部下联络而已！"房东听后什么都没有说就径自离开了，第二天早晨，俾斯麦的房间里已经被装好了一个电铃。

俾斯麦的种种事迹表明，他是一个懂得用幽默去帮助别人或是用此来达成自己目的的人，面对突发事件，俾斯麦并没有变得慌张，而是梳理好思绪冷静的去想对策，这种大智大勇以及对幽默的运用使他在流沙中挽救了他的朋友，还说服了吝啬的房东，办成了很多棘手和突发的事情。

幽默不仅仅是单纯的发笑，不仅仅代表着喜剧，幽默的力量还在于它能够快速有效地帮助我们去解决生活中遇到的各种难题，也会帮助我们时刻保持快乐的心境，帮助我们更多地去结识一些朋友知己，有效地完善我们的交际圈。

★ 幽默不要过于复杂

喜剧和一些幽默作品之所以引人发笑，是因为它们通俗易懂，什么样的人看过以后都会觉得很开心，幽默可以给人们带去快乐，将人和人之间的距离缩短，并变成纽带，把人们联系起来。如果把幽默变得复杂化，那么幽默的力量就会大打折扣，就会变成所谓的冷笑话，不但不会让人觉得好笑，还会让人有一种莫名其妙的感觉。

古人喜欢觅知音，幽默也同样如此，而讲幽默的人也是如此，在你给别人讲的时候，你要想着有人在听，要告诉自己这个小幽默你是要讲给他们听的。如果你的听众不是学问高深的一类人，那么你所讲述的幽默就要浅显易懂、朴实、接地气，不要咬文嚼字，否则你的听众会觉得索然无味。如果你的听众是一些高品位的人，那么你在讲述自己的幽默小段子的时候可以适当文雅一些，让自己的谈吐和他们的修养处在同一个水平，这样才会达到你想要的效果。

　　幽默语言的基本要求和素养是你讲的东西首先别人要能够听懂。如果你的幽默语言不清晰，台下的人听得云里雾里，那么就表达不出你所想要传达给别人的意思，听众也不能接受。所以拥有一个好口才是很重要的。可见幽默语言的通俗化和口语化是十分重要的。那么如果你用一些文绉绉，让人难以理解的词语去讲述你所要讲的笑话的时候，会有什么样的结果呢？

　　古时候有这样一个寓言故事：有一位读书人去街上买柴火，这时，他看见一个卖柴火的樵夫，于是高声对樵夫喊着，让樵夫来自己身边，樵夫听到这位读书人的喊叫声，便走了过来，读书人走上前问樵夫道："其价几何？"卖柴的樵夫并不知道几何是什么意思，但是他听到了读书人说"价"这个字，樵夫猜想他应该是在问价格，于是便对读书人说了价格。读书人听后，又看了看，对樵夫说道："外实而内虚，烟多而焰少，请损之。"

　　卖柴火的樵夫这次是真没听懂，于是连忙把柴火挑了起来就跑掉了。

　　这是一个带有讽刺性幽默的小寓言，故事中的读书人，明明可以用白话和樵夫沟通，却偏偏卖弄文采，咬文嚼字，刁难樵夫，最后吓得樵夫挑柴就跑，而这位读书人也没有买到柴火。故意卖弄，就会让语言失去了它本身的作用和沟通的意义，让原本很简单的事情变得复杂难懂，最后谁也没有得到好处。

★ 学会脑筋急转弯

懂得运用幽默的人一般都是思维敏捷的人，有很强的想象力，所以懂得运用幽默的人也可以很好地去驾驭自己的思维，给大脑做指令来帮助自己完成事情。很多时候人们在语言表达上面都会有这样或是那样的词不达意，也会偶尔举止和思维不在一条线上，做出一些傻事，严重的可能会引起一些不必要的麻烦，所以，这种时候，我们就需要学会做脑筋急转弯儿，用幽默思维去解决麻烦。

基辛格是美国曾经的国务卿，也是一名成功的外交家，有一次，一位意大利名叫法拉奇女记者受邀采访基辛格，在采访中，基辛格谈到自己的外交施政，颇为得意，竟然自夸道："美国人崇尚只身闯荡的西部牛仔，而单枪匹马向来是我的作风，或者说是我机能的一部分。"这番话说出以后，被一字不落地登在了报纸上，一时引起轩然大波。人们都说基辛格好大喜功，就连曾经那些十分赞赏基辛格的人也觉得这样的言论太过于轻率。面对此种社会言论，基辛格却依然沉住了气，还主动地接受媒体的采访，并乘机发表声明说："当初接见法拉奇是我平生做过的最愚蠢的一件事情，她不过是曲解了我的意思，拿我来做文章罢了。"

而究竟是法拉奇拿基辛格做文章，还是基辛格用法拉奇来背这个黑锅，以平复广大民众对自己的不满，谁也难分真假，外人更是不清楚究竟是怎么回事，但是基辛格这样说，就会把大家的注意力从自己身上转移开，以减弱已经产生的影响，但是一般来说，这种方法属于嫁祸于人，有损自己的名誉，所以我们还是不要效仿得好。这样不仅自己的名誉受损，也会相应失去他人对自己的信任，而这也是最可怕的。

还有这样一个故事：从前，有一个很有智慧的僧人，他云游天下，有一次，他路过一个村庄，听说村庄里面有一户奇葩的人家，这户人家从来不让别人去他家借宿，于是这位僧人就决定去他家借宿一夜。

很快天就黑了，这位僧人此时装作一个"聋子"便走进了这家人的家里，这户人家对待僧人还算客气，一番礼貌过后，主人给这位僧人烧了壶茶，并招待这位僧人吃了晚饭，然后用手势对这位僧人说道："吃了饭就早一些动身吧，我们家里是不让外人过夜的。"

这位僧人却假装看不懂的样子，只是瞪着一双大大的眼睛。主人又用手指了指门，意思请这位僧人出去。

"好，好。"这位僧人表现出看懂了的样子。于是边说着好，边大步走到了门外，然后让这家主人意外的事，这位僧人并没有走出去，而是把自己的包袱拿了进来，并放在了西北角的一个柜子旁边的地上。主人无奈，于是又做了一个把背包背在身上走出去的手势。这位僧人又装作看懂了的样子，然后把包裹赶忙拿起来举到了柜子上，并念叨着："这倒也是，里面可全都是经书啊！"

无论主人如何做着手势要他离开他们家，这位僧人还是不走，并说道："没有小孩儿好，不会乱拿东西。我把两根木棍插在包裹的粗绳子上了。"这位僧人就这样一直装傻，这家主人说东，他就说西。这家主人也没有办法，最后只好妥协，让这位僧人在他家里留宿了一晚。

本来是一件根本不可能实现的事情，这位僧人却换了一种方式，逆向思维，让他人对自己无法推辞，从而达成自己的目的。

很多事情就看你怎样去发现怎样去思考，学会让大脑做一个脑筋急转弯，用幽默的力量来帮助自己。就像古代谚语说的那样：塞翁失马，焉知非福。把自己说错的话、办错的事，适当地做一些改变，让意思变成另外一番模样，或者将自己的意愿通过另一种语言方式含蓄地表达出来，会让他人更容易去接受。

这虽然是一个很好的方法，但是我们在运用它的时候也要因地制宜，根据不同的场合来采取不同的应对措施，灵活运用，融会贯通。所以当我们发现自己有说错话的时候，不妨学着做一个脑筋急转弯，变换一种方式，来弥补过错。

★ 用幽默进行间接批评

人都是爱面子的，只是爱面子的程度不同而已，就像俗语说的那样："人争一口气，树争一层皮。"爱面子是人性的特点，当一个人被逼急的时候，心理最后一道防线就会垮掉，如果不给别人台阶下，那么这时候，人们通常会下意识地产生自卫的行为。而往往这种自卫的行为会造成严重的后果，所以说，当我们遇事待人的时候，切记要给他人留一定的退路，不要逼得太急，别让别人没有台阶下。而幽默的意义很大一部分也正是源于此。幽默地为人处世，可以帮助他人保全颜面，也可以帮助我们达成事情的目的。

在别人受到伤害的时候，我们一句两句安慰的话或是宽容的态度，都可以帮助他人减少这种伤害，保住他人的面子。如果我们是对的，我们可以去指出对方的错处，但是在指责别人的同时要讲求好方法。有时候也许因为你的一句批评就可以毁掉一个人。安托安娜·德·圣苏荷依是法国的作家同时也是一名具有传奇色彩的飞行先锋，安托安娜曾经写下过这样的话：我没有权利去做或说任何事以贬低一个人的自尊。重要的并不是我觉得他怎么样，而是他觉得自己如何，伤害他人的自尊是一种罪行。

利用幽默的力量去做事的原则是大度和宽容，我们在表达自己的思想的同时，也要考虑到别人，为别人留下颜面。这也是为自己留一条后路。

海因里希·海涅是19世纪最重要的德国诗人和新闻工作者之一。海涅曾经收到过很多朋友寄过来的诗稿。某一次，海涅发现他收到了一封欠了邮费的稿件。海涅拆开信封，发现里面一首诗歌也没有，只有一捆稿纸。还有一张字条。字条上面这样写道："亲爱的海涅，我健康而快活，衷心地致以问候，你的梅厄。"

那个时候海涅并不认识梅厄，也不明白梅厄此信的含义。几天以后，梅厄也同样收到了一封欠了邮费的稿件，而梅厄打开信封时发现里面装的竟然是一块石头，里面也附了一张字条，上面是这样写的："亲爱的梅厄，看了你的信以后，我心里的这块石头才落了地，我把它寄给你，以纪念我对你的爱。"

海涅用同样的方法回敬梅厄，用对方的方式来对待对方，让对方认识到自己的行为是多么欠妥当。所以由此可见，很多时候，我们不一定非要用语言来让对方难看，换一种思维，既保全了双方的颜面，又明确把自己的意思表达给了对方，这就是幽默做事的真正内涵。

我们总看古装电视剧，里面常会有这样的场景，皇上金口一开，便很难再有回旋的余地，因为天子已经昭告天下，便是无论如何也不会再去更改的。现如今的社会其

实人人也都是如此的。当一个人做出了某一个许诺或是决定，坚定地宣告自己的立场和观点后，很多由于自尊的原因，便很难去改变自己的立场和观点。这个时候如果你想要去说服他改变想法，硬来是不行的，你必须在顾全他的颜面的前提下，为对方搭造台阶，说一些有利于对方的话，然后在慢慢地引导他转变。这是每位懂得运用幽默去说话的人和一些谈判者所应当具备的基本素质。所以当别人做错的时候，不要直接指责他，我们应当遵循这样一个原则：帮助别人认识并改正自己的错误，用幽默的语言方式去说话和交流，给别人足够的台阶下。

第八章

幽默让你成为
职场达人

★ 幽默让你离目标更近一步

公司可以说是社会的缩小版，人情世故一样不少，而在公司里面首先是要把分内的工作做好，其次还要会说话。说话是一门艺术，说好了，前途无限大，说不好，也许就此止步。下属与上司的说话技巧，在得体表达的同时，加入适度的幽默，会为你的语言锦上添花。

很多时候我们在工作中会遇到一些棘手的事，如果我们没有处理好，那么就可能会受到上级领导的批评和指责，那么面对上级领导的批评和指责，我们应该如何对待？很多人会觉得有些委屈和压抑，这个时候，如果你选择用愤怒或是不服气来面对你的上级领导，那么你的上级领导也会更加不看好你，只会更加加深你们之间的隔阂。对于上级领导交代下来的事情，领导关心的只是结果，至于你要如何去完成，完成过程中遇到哪些困难，领导是不关心的。他们看的只是结果。所以这个时候如果你满腔的委屈和愤怒只会让你的领导觉得你无能。而如果换一种方式，则会不同，例如在领导批评完你以后，你表现出虚心接受然后坦然地去面对结果，再把处理过程中遇到的难题用一些幽

默谦和的话语和态度去向上级领导表达，那么上级领导就会认真地去思考你在处理过程中遇到的那些问题：这样就能得到领导的理解和支持，也会让领导对你刮目相看，哪怕是他刚刚批评过你，但是你应变的态度让他觉得很满意，那么之前的批评也就算不得什么，剩下的就是得到领导的支持然后去解决那些困难，从而把事情办得圆满。

刘墉无疑是一位智者也是一位十分懂得幽默的人才。一次，乾隆皇帝忽然对刘墉说道："你说京城一共有多少人？"刘墉愣了一下，他没想到乾隆会突然问这样的问题，可是刘墉也只是愣了一下，然后十分冷静地回道："只有两人。"刘墉的这个回答着实有些出人意料，于是乾隆又问："此话是何意？"刘墉回答道："人再多，这世上其实也只有男女两种人罢了，所以可不是两人？"乾隆听后又问道："今年京城里有几人出生？又有几人去世？"刘墉回答道："只有1人出生，却有12人去世。"乾隆不解，于是问道："此话怎讲？"刘墉回答说："今年出生的人再多，也都是一个属相，岂不是只有1人出生？而今年去世的人则这12种属相都有，岂不是死去12人？"乾隆听后恍然大悟，觉得很有理，索性大笑了起来。

刘墉的回答表现出了刘墉的幽默智慧，所以他深得皇帝的喜爱和欣赏。古时候的人可以如此，那么身处现代职场的我们也应当学会如此，面对一些事情的时候，我们不妨也可以"揣着明白装糊涂",这种说话方式有时会让我们离目标更进一步。想要在职场立足并拥有自己的一番天地,离不开认真努力的工作态度,更离不开适当的场合说适时的话。下面总结出几点有关下属和领导之间幽默语言中一些值得注意的技巧:

1.用幽默来调整自己的工作心态,在工作中把幽默和谦虚融为一体。

2.适当的吹捧,在工作中可以偶尔自嘲一下,以此来显示领导的英明,这样领导会在心情愉悦的同时更加地欣赏你。

3.在和领导相处时,我们要善用平和友善的幽默,而不是一味地搞笑,这样会让我们与领导之间的沟通更加地顺畅,并让领导对你的印象美好而深刻。

★ 学会有分寸的幽默

幽默有很多种表现形式,玩笑也是其中的一种,人们喜欢用开玩笑的方式来增进人与人之间的距离和感情,有时候玩笑也会让你在人群中的个人魅力大增。但是值得我们注意的是,玩笑要适度和得体,不能开一些黑色玩笑,例如拿别人的短处来开玩笑,或是别人很介意的事情被我们拿来开玩笑,这样不仅不会增加彼此的好感度,反而会

起到适得其反的作用。有研究表明，黑色的玩笑体现着人性的弱点：那就是面对一个人或者一件事情的时候，会不自觉地挑剔，这是一种思维习惯。

玩笑开得不得体，会严重影响两个人的友谊，职场中同样如此，在和领导之间开玩笑的时候，如果没有把握一个度，就会带来不必要的麻烦，毕竟没有人是喜欢被开黑色玩笑的。

小高是个聪明的职员，在她还在上学的时候，老师就经常夸她非常聪明，夸她脑子灵活、语言丰富且犀利，具有很强的幽默细胞，从小到大，小高也一直是周围人的开心果。可是如此机灵的小高却在一家公司工作3年后，仍旧是一名仓库管理员，职位上丝毫没有变动过。她自己也不明白为什么她那么聪明伶俐，却始终在工作上没有较大的改变和进展。

小高的哥哥专门研究心理学，于是小高就去问她的哥哥是什么原因让她在工作上一直处在这样的地位。小高的哥哥问她："你平时有没有在言辞上对领导不敬啊？"

小高想了想，她除了平时爱开一些玩笑以外，好像没有其他的毛病了，难道是她和领导开玩笑才让领导不提拔她的？小高心里暗自觉得不好，因为小高忽然想到了最近几次她对领导开的玩笑。

有一天，领导穿了一身新衣服来上班，不管是西服、衬衫还是裤子，都是一色的灰色。同事们见到以后都没有说什么，只有小高看到这身打扮以后哈哈笑着说道："哎呀，穿新衣服了？"领导听后以为她觉得自己穿着很好看，正高兴的时候，又听小高说道："哈哈，像一只灰色的耗子！"

还有一次，公司有几位客户来找领导签字。领导签完字以后，对方客户一个劲儿地夸他们领导的字写得好看，并称赞着："您的签名可真气派！"这个时候小高正巧走了进来，听到客人对领导的夸奖后，坏笑着半开玩笑地说道："能不气派吗？我们领导可暗地里练了三个月呢！"小高说完以后，客户和领导都一时不知该说什么好，气氛弄得很是尴尬。但是由于小高的神经大条，她也并没有多想什么。

经过哥哥这么一问，小高仔细又一想，忽然明白了问题出在了哪里。小高平日里除了爱乱开玩笑以外，其他工作的时候都很敬业也时常加班到很晚，可是偶尔工作中会出现一些小差错，领导都会不依不饶地去批评小高，说她不认真、偷懒等。小高经常觉得很委屈，经过哥哥这么一问，小高又回想以前，忽然就明白了领导为什么一直这样对待她。

一般为人刻薄的人才会遇事乱开玩笑，没有分寸感，这样反倒是会引起周围人的反感。如果这种事情发生在亲戚朋友身上，或许他们听了以后心里不高兴，但是并没有表现出来，而如果是和领导之间，这种玩笑触犯到了领导

的尊严和面子，后果就比较严重了，在平时工作中我们就需要注意一下，避免出现这样的影响。

那么在与上级领导开玩笑的时候我们需要注意以下几点：

1.学会发现别人的长处优点，时刻保持着一颗宽容的心，用赞赏的心态去看待问题，这样你发出的微笑才能够打动人并传递出善意。

2.如果与领导单独相处的时候，可以针对对方服饰上的小细节小变化来加以赞美，这样可以增加彼此的亲近感，让单独相处的尴尬感慢慢化解，并能够从中得出领导的一些喜好。

3.如果有某方面的建议或是探讨问题的时候，要注意场合选好措辞，要分清楚场合再去说话，用委婉的语言方式去询问对方，把对方放在一个高度上，这样既不会引起领导的反感，也能表达出你想要传达给领导的意思。

在和领导开玩笑的时候，不要随意，也不要开黑色幽默，你要为领导保留尊严和面子，这样适度的和领导开玩笑才不会起到相反的作用。

★ 用幽默的方式表达不满

小美今年30岁，已经身在职场中好些年了，自然也遇到过形形色色的人，正常来说经历了这么久的职场生涯，也应该算是一个"交际能手"了。但是她却总是很轻易地就把同事得罪了。小美一直有个毛病，就是心里藏不住事，对于发表意见这个事，小美更是无法控制自己的嘴，有什么就说什么，不懂得观察，也不会隐藏自己的观点。

例如同事把喝过的茶叶倒进纸篓里，弄得里外都是水，她就会去跟同事说不要这样。再例如有的同事有时候在办公室抽烟，她会直接让同事出去抽。有的同事会利用公司的座机来打私人电话，她会直接地指出这样是不对的，是在浪费公司的资源。从这种种事例看来，小美确实是好心，可是有时候好心可以换一种说法去和别人说，而不是非得直截了当地指出，这样会让同事们觉得很没面子。而且这种状况如果是让经理撞见，会直接批评小美或者扣小美的奖金，所以小美既没有得到上司的理解，也没有得到同事的喜爱。同事们都对小美的意见不少，很多次同事们出去聚餐或是其他集体活动，都没有人去叫小美一起参加，为此小美也很是生气。有一次小美实在气不过，去和经理告状，可是经理的反应并不是很大，也没有去批评犯错的人，反倒大家都知道了她去找领导告状，弄得小美在公司里的人缘更加的不好。小美想不通，她这样做有什么错，明明全身心地为公司着想，为何所有人都看她不顺眼。难道一定要像别人一样当着领导的面是一套，背着领导又是一套

吗？

其实小美若想要扭转这样的局面也并不是什么难事，而她之前的做法也并不是不对，只是方式不是很妥当，如果一开始小美把对同事的意见用委婉的语言方式表达出来，或许同事更能接受一些，也不至于这么抵触她反感她。可见幽默的表达方式在职场里是多么地重要。同事之间的相处在公司里尤为重要，因为大家每天都会见面，可能比和家人待在一起的时间还要久，所以一定要学会用幽默的方式来处理和同事和领导之间的这种微妙的关系，这样才不会增添不必要的烦恼。

聪明的人都不会选择直言不讳这种方式，他们会先把氛围调剂到一个让人很舒服的氛围当中，然后委婉地去表达一些意见或是批评，这样更能让对方去接受并不反感自己。

有这样一个类似的故事：一位女士她总是在周一上班的时候迟到。这一天又是周一，她又一次迟到了，于是她又风风火火地跑进了办公室，然后又风风火火地跑到了打卡机旁边赶紧打卡，然后气喘吁吁地坐在了自己的座位上。这个时候，她旁边的一位男同事转过头来，对这位女士说道："我尊敬的女士，星期天晚上有时间吗？"

"当然有了，我尊敬的先生。"这位女士同样打趣地说道。

"那就早点睡觉嘛！否则每个周一的早上你都这样一阵风似的来得匆匆，不怕心脏会承受不了啊，哈哈。"

这位男同事是在用委婉幽默的语言来告诉这位女士以后尽量不要迟到，这样的话语显然没有让女士觉得不舒服，反而很欣然地接受，由此可见这位男同事是机智的，充满智慧的，他没有伤害到这位女士的自尊，还把意见提给了她，也不会给两个人之间的关系造成不好的影响。

★ 把功劳用幽默的方式体现

很多人在工作中任劳任怨，比任何人都努力，可是这种人很多时候都得不到领导的赏识，因为领导很忙，他看到的只是结果，并不知道在这件事情的过程中你付出了多么大的努力。那么我们就投机取巧吗？当然不是，聪明的人并不是在工作中投机取巧，他们不会觉得领导看不到此刻的自己就去偷懒，他们会换一种方式来表现自己，将自己的优点和功劳表现出来。既努力认真地工作，又不让这些努力白费力气。

米开朗基罗是文艺复兴时期意大利著名的雕刻家。他用很多年的时间完成了那个著名的雕塑——大卫雕塑。这座大卫雕塑现在正存放于佛罗伦萨美术学院。大家都称赞这座大卫雕塑栩栩如生，惊叹于米开朗基罗的雕刻功底。于是很多人问米开朗基罗是如何雕刻出这样一幅震惊世界的作品的，他们觉得米开朗基罗一定是有什么自己独到的

秘诀。而对于这样的疑，米开朗基罗只是这样诙谐地回答道："大卫本来就在这块大理石里面，我只是将不属于大卫的石块凿掉罢了！"

这座著名的"大卫"雕塑可谓是全世界文明，可是米开朗基罗并没有对自己的这幅作品过于骄傲，也没有四处宣扬和赞美自己，反而是用诙谐的幽默加上谦逊的态度来回应社会所带给他的种种成就和赞美。这种态度让世人更加地敬佩他。

对于我们来说，我们也应该将米开朗基罗这种幽默谦逊的方式运用到工作中去。现在社会是一个信息化的社会，实干是不可缺少的，但是一味地实干不懂得如何和领导去交流和沟通也是无法长此以往地坚持下去，所以在实干的基础上，还要学会和领导之间的交流，让努力不白费。

有一位文先生就是这样的人。文先生毕业就来到了一家公关公司上班，在这家公司里工作了很多年，工作态度一直都很认真，自己也觉得自己很聪明。但是领导似乎总也注意不到他。文先生属于实干的类型，并不善于在领导面前邀功。就算领导要他们自己说出自己在公司里面的成绩的时候，文先生也是相当谦虚地说："其实，我也没做什么成绩，我只是一个帮扶别人的小角色，都是在大家的帮助和一起努力下才完成的。"

久而久之，文先生意识到领导并不觉得他这样的回答是在谦虚，反倒是真的认为文先生什么都没有做，都是别人在做。于是文先生在思考良久之后，就对自己进行了一些调整。有一次文先生去谈一笔业务，这笔业务进展很顺利，文先生只花了一个星期就将这笔业务搞定。于是文先生趁热打铁，决定要在领导面前表现一下自己的能力和功劳。

于是，在一次偶然的机会下，他和领导单独相处，文先生半开玩笑地和领导聊起了天，文先生说："我刚刚和一个朋友谈完，就成交了这笔生意！前后只不过几分钟，更具体地说我的思想其实还停留在谈判的境地呢，没想到就被谈判的成功结果给拽了出来。"

领导听到后果真很高兴，并建议文先生把这件事情及时告知公关部门，好让公司的其他同事知道这笔生意进账，后来没过多久，文先生就被领导调到了公关部门做了主管。

文先生的故事告诉我们，很多时候，不管我们自己做了多少努力，完成了多少事情，如果自己不向别人和领导去提，不会有谁会去帮你告诉领导。而领导也不会将自己的注意力放在某个员工的业绩上。领导们关心的是这件事情是否完成得好，而不会去在意这件事情究竟是谁去完成的。这种不露痕迹用幽默的方式展现自己的功劳，对那些只知道埋头苦干，并不懂得用言语说话的人来说无疑是一个很好的方法。

　　如果你正苦于不知道该如何让你的领导注意到你，那么不妨学习一下这个小方法，让领导对你刮目相看，委以重任，这种方法也可以向领导展现你的聪明和技巧，也避免了领导把本身属于你的功劳错安在别人的身上。黄明坚是一名作家，他曾经这样说过：做完蛋糕要记得裱花。有很多做好的蛋糕，因为看起来不够漂亮，所以才卖不出去，如果在上面涂满奶油，裱上美丽的花朵，人们自然就会喜欢。

　　这句话说得就是这样的道理。做事如此，做人如此，工作更是如此。要学会将自己的优秀表现出来，这样才会锦上添花，而幽默正是你的好帮手，幽默可以让周围的人敬佩你的业绩同时也会被你的个人魅力所吸引。

★ 幽默帮你变错为对

　　我们都有说错或是做错事情的时候，如果你在领导面前失了言，切记不要慌张，自乱阵脚。这个时候要去冷静想补救的措施，伺机用巧妙的语言来挽救说错的话。这样也许可以变错事为对事，拉近你和领导和同事之间的距离。

　　学会用幽默的语言将说错的话转变为良言，为错误寻找一个合理的借口，而这个借口一定要显示出真诚，不然这个借口就失去了它的意义。

　　我们经常会遇到这样的事，例如职员们在私底下谈论

领导的时候恰好被路过的领导听了个正着。某公司职员小
王就遇到了这样的尴尬之事。

有一次，小王和同事在办公室里面聊天，小王开玩笑
地说了句，"领导好像一个机器人"，恰巧被路过的领导听
了个正着。小王发现领导听到了以后，心里暗自忐忑。于
是小王给领导写了一张字条，想要约领导抽空谈一谈。领
导收到纸条后，欣然答应了。

小王来到了领导的办公室，紧张地向领导解释道：
"显而易见，我用的那个形容词绝对没有其他的含义，我
现在为我说的话感到悔恨，我之所以用'机器人'这样
的字眼来形容您不过是描述我这种感情的一种简单的方
式，希望您能够谅解我，以后我一定会注意自己的语言
表达方式。"

领导见小王如此幽默地向自己解释着，以及他对自己
的自我批评，都让领导听了进去并原谅了他，小王见此便
借机向领导表态，以后一定努力工作，不随便乱开玩笑，
做一个通情达理的好员工。

小王利用自己的幽默和领导道歉，使得打消了他和领
导之间产生的不愉快。很多人在像小王一样说了不该说的
话被领导发现后，会一味地自我谴责，然后怀着一颗忐忑
的心情去和领导低声下气地赔礼道歉，我们要知道，道歉
的话"对不起"这三个字是最苍白最没有意义的三个字。

这样的话语根本不会取得领导的原谅，道歉首先要做到的是坦率，要利用幽默的语言去把事情讲清楚，这样才能有效地解决双方之间的矛盾。

在南朝梁有位大臣叫萧琛，口才很好，能言善辩。在萧衍还没有当皇帝的时候，他们两个就已经很要好了。后来萧衍当了皇帝，两个人个关系变得越加亲密。

有一次萧琛去参加萧衍举行的一个宴会。几轮美酒过后，萧琛有些醉了，于是便爬到了桌子上，这时恰好被萧衍看到，于是萧衍就用枣子去弹萧琛。枣子正好打中了萧琛的头部。这时萧琛抬起头来，毫不疑迟地拿起桌上的栗子向萧衍打了回去，而这颗栗子正中萧衍的脸部。这一幕恰恰被旁边的大臣看到，大臣吓得连声音都不敢出，萧衍也显得有些动气，萧琛也忽然意识到自己的做法有些不妥，于是连忙对萧衍说道："陛下把赤心投给臣，臣怎敢不用战栗来回报呢？"萧衍听后，气消了也笑了起来。

萧琛借用枣子来比喻一颗赤心，战栗也幽默运用了谐音。萧琛在意识到自己的行为欠妥当的时候，立刻反应了过来，并运用幽默的方式进行了补救，才使得萧衍消气，由此可见萧琛在运用幽默方面的智慧和能力。

做错了事，道歉是一种方法，也可以像故事里的萧琛这样，用一句幽默的话来化解尴尬的气氛，从而让对方消气。

★ 用幽默的方式去谏言

在现代职场里，作为公司团队中的职员，很多时候，比如开会时，领导都会让属下针对某一问题各抒己见。而这个时候就需要注意和运用说话的技巧。当自己有一些反对或是对某些地方不满的意见时，如果没有使用好恰当的语言，会导致沟通不能很好地进行下去，也会影响领导对自己的看法，而自己在公司中的处境也会相对变差。那么当你有想法想要去表达的时候，应该用什么样的方式方法呢？不如先培养一下自己的幽默的语言吧。

若是你要提出的是一些稍微有点敏感的意见，那么不妨运用幽默的语言方式来让你的回答变得委婉和善，这样你的领导也会相对更容易去接受一些，你既表达了自己的意思，又没有把谈话的气氛变得尴尬。下面这个故事中的员工就成功地用幽默的语言形式向自己的领导表达了对公司伙食的不满。

一位经理一大早就来到了公司，打算慰问一下自己的员工，并与他们交谈一下，看看员工们的生活怎么样，有哪些让员工不是很满意的地方。这位经理在与员工们谈话的时候顺便问了一下公司给员工们的早餐福利情况怎么样。基本上大部分的员工都碍于经理的地位而没有说实话，经

理问他们伙食怎么样，他们就都说好。有个别的说还行。轮到一位员工的时候，这位员工是这样说的："一个鸡蛋、一碗麦片粥、三块蛋糕、两个夹肉卷饼、一个苹果，总经理。"这位员工有礼貌地说完之后，经理半信半疑地问道："按照这样说，那你们的标准差不多要赶上国王级的待遇了。"经理说完，这位员工又接着说道："可是很遗憾的是，这是我在外面餐馆享受的标准。"

这次问话以后，经理便马上调整，改善了员工们的伙食待遇。很多时候，就是这样一句简简单单的幽默的话语，就让别人采纳了自己的建议。

有些公司的领导，对员工会比较苛刻，就算他们去征求员工的建议，之后也不会那样去实施。对于员工们来说，坚持自己的意见和立场是相当重要的。不能因为领导的地位就轻易改变自己的想法和立场、我们要勇于指出领导工作中的不足。但这同时也需要强大的勇气和良好的语言素质，二者缺一不可。学会用幽默的语言去表达，便能够更好地让领导了解到员工的想法，并及时改正。

第九章

用幽默的教育
陪伴孩子成长

★ 在教育中融入幽默

现代家庭式教育的方式有很多种，总结来说为以下三种：风趣幽默、心平气和、疾言厉色，这三张方式最是常见。不管是哪种方式，都会对孩子们进行不同程度的生活理念的灌输。疾言厉色的教育，会让孩子产生畏惧，可以威慑孩子，但是也容易让孩子滋生出逆反心理，十分有风险；心平气和的教育可以把孩子和父母放在同一个平等的空间里，但是语气平淡，不足以威慑孩子，听得多了，渐渐变成了家常便饭，孩子自然也不会往心里去，不会产生教育的效果；风趣幽默的教育则可以开启孩子活泼可爱的天性，也能够在他们内心中留下印记，让他们自己警示自己。所以如此看来，幽默的教育方式要比其他两种方式更为可取。

一位父亲正是如上文所说用幽默的教育方式去教育自己的孩子，结果还是不错的。有一次这家人正在吃晚饭，儿子忽然和爸爸妈妈发起牢骚说："人家外国人要比我们中国人强得多了，你看我们吃次饭总是要用两根筷子，而外国人都是用金属刀叉来吃饭，单单从重量上来看，外国人

的用餐就比我们中国的要重得多了。"

这位父亲听完以后非常生气，他觉得自己的儿子小小年纪就如此崇洋媚外是不对的。但是父亲并没有直接去指责他的儿子，而是装作幽默地对他的儿子说道："想要用分量重的餐具吃饭太简单了，来用这个吃吧，这个分量应该足够重了。"这位父亲说着便把一个家里烧炭用的大火钳递给了自己的儿子。儿子看到后什么都没有说，脸红了起来。

这位父亲用幽默的方式委婉地表达出了对儿子的教导，他并没有直接指责他的儿子这样做是不对的，也没有生气的动手，而是用这种委婉的方式让他的儿子自己去领悟去思考，并很快地达到了他想要的效果。这样的方法既避免了儿子的逆反心理，也不会引起亲子间的关系不和。

还有一位这样的小孩子：这个小孩子很喜欢看武侠类的电视剧，自己在家的时候也喜欢演出一些打打杀杀的情景，见到孩子如此痴迷于武侠，妈妈很是担心，有一天，这个小男孩在一家玩具店里看到了一支仿真新式步枪，就缠着妈妈想要买下这把枪，妈妈并不想给他买这种仿真枪类的玩具，可是又总不能去严厉地批评他，妈妈害怕这样会影响孩子的个人兴趣，对孩子的成长有影响，于是妈妈心平气和地去和儿子讲道理，对她的儿子说："乖儿子，难道你忘记了现在是和平时期，和平年代是不能够轻易储存军火的，否则会让大家对你很生气的，也不会有人再喜欢你了。"孩子听后，仔细地想了想，然后对他的妈妈说道："那我要乖，我不买手枪了，我要让大家都喜欢我。"

对于孩子的需求，妈妈觉得不应该去买，她没有用直接的方式告诉孩子不能买，而是用幽默来引导孩子告诉孩子这样是不好的，从而引发孩子的思考，并很好地解决这件事，并且不会让孩子产生逆反心理。可见多用一些幽默的方式去和孩子进行沟通，树立好孩子的世界观，促进孩子去思考，这样才是正确的做法。

★ 用幽默和孩子进行友善的相处

作为父母，应该学会用幽默的教育方式去教导孩子，这样会对孩子的成长给予有益的帮助。而在父母的这种教育方式之下，孩子也会学会同样用幽默的方式来对待父母。

有这样一个故事：有一位画家，他对绘画艺术充满了热情和热爱，于是他把所有对绘画的热情和热爱都加注在了自己的儿子身上，希望他的儿子长大以后能够将自己的绘画事业发扬光大，这位父亲没有去征求孩子的意见，就为孩子报了绘画班，让他去学习画画。而其实他的儿子并不喜欢画画，所以对于父亲的安排很抵触，父子间的关系也不是很好，直到儿子16岁，在儿子幽默的据理力争下，父亲终于同意不强迫自己的儿子去学习画画了。

某一天，父亲让儿子交给他一份作业，不一会儿，儿子就把画纸拿给了父亲，父亲接过来后却发现儿子给他的竟然是一张白纸，于是父亲不解地问儿子道："你画的画呢？"

儿子听后回答说："画在纸上了。"父亲惊讶地盯着儿子看，于是儿子又继续说道："难道你没有看到一匹马在吃草吗？""没看见草啊！"父亲说道。

"草已经被马吃掉了。"

"那么马呢？"

"吃完草就走了呗。"儿子说完看着父亲，没想到父亲却笑了起来。

在儿子的印象里，这么说完以后，父亲肯定会大发雷霆，可是没想到父亲却笑了起来。当这位父亲看到儿子用这种方式来和自己反抗的时候，看到儿子这么不想再去学习画画的时候，父亲就明白了儿子的用意，并觉得应该尊重儿子的想法。鲁迅说过："不在沉默中爆发，就在沉默中死亡。"如果儿子一直隐忍着不发，那么造成的结果将会是让父子间的感情更加不和。

对于儿子来说，用这种幽默的方式来和自己的父亲沟通，换来的是父亲的理解和尊重。可见幽默的沟通是多么地重要。长辈和晚辈很多时候在思想上、认知上都存在着很大的差异，有时候长辈看待问题的方法和年轻人不同，所以应该和长辈建立起良好的沟通关系。由此可见，父母

和孩子之间的沟通要建立在平等的关系之上，要保持着幽
默、友善的沟通关系。

★ 用幽默的方式夸奖孩子

孩子的成长环境很重要，孩子的成长经历可以直接影
响孩子的性格、心态以及心智。教育孩子，要讲求方法，
不能一味地苛责，也不能一味地宠溺，要讲究语言上的技
巧，顾忌孩子的心理感受，所以在教育孩子的时候，不妨
多对孩子说一些赞美之词，让孩子建立起充分的自信感和
乐观、幽默的处事态度。

对于父母来说，时常会遇到不听话、淘气的孩子，那
么面对这样的孩子，父母应该怎样去和孩子们进行沟通
呢？比较好的办法就是幽默地夸奖孩子，告诉孩子：你很
优秀。鼓励要比责骂所带来的效果要好得多。

鲁斯·霍普斯金太太是纽约布鲁克林的一位教四年级的
老师。新学期开学，她在看班级学生的点名册的时候却开心
不起来了，因为学校里一位有名的顽皮学生"汤姆"被分到
了她的班级，汤姆不仅仅是调皮，他还会和男同学打架、对
老师无理、扰乱班级课堂秩序，并且不服管教，逃避并不是
办法，所以霍普斯金太太决定直面这个问题学生。

隔天，霍普斯金太太在迎接新生的时候，她说："罗斯，

你穿的衣服很漂亮。艾丽西亚，我听说你画画很棒。"当她面对汤姆的时候，她是这么对汤姆说的："汤姆，我听说你是个天生的领导人才，今年我要靠你帮助我把班级变成整个四年级里最好的班级。"在最初的几天，霍普斯金太太一直强调着这一点，并认可他的行为，夸奖汤姆是个好学生。而在霍普斯金太太的夸奖和鼓励之下，汤姆开始变得好了起来，开始自己约束自己的行为，努力地去做一个好学生。

下面这个故事是关于罗杰·罗尔斯的。

罗杰·罗尔斯是美国纽约州历史上第一位黑人州长，他出生在纽约的大沙头贫民窟，那是一个声名狼藉的地方，环境差，充斥着暴力，到处都是流浪汉和偷渡者，在这种环境里生活的孩子，从小就知道逃学、打架甚至是吸毒，他们很少会有体面的工作，都是打些零工以维持生计，可是罗杰·罗尔斯是一个例外。他考上了大学而且还成为了州长。在罗杰·罗尔斯就职的记者招待会上，有一位记者向罗杰·罗尔斯提问说道："是什么把你推向州长宝座的？"台下有将近300多名记者，面对这些人，罗杰·罗尔斯只字未提他的奋斗史，只是谈到了皮尔·保罗——他的小学校长。

1961年，皮尔·保罗成为了诺比塔小学的董事兼校长。那个时候美国正是嬉皮士盛行的年代。他来到诺比塔小学，他发现这儿的孩子比他想象的还要糟糕。他们旷课、打架、破坏教室、顶撞老师等。皮尔·保罗曾经想过很多方法去帮助这些孩子们改正自己的缺点，可是都没有奏效，后来皮尔·保罗发现了一个特点，那就是这些孩子们似乎都很迷信，于是皮尔·保罗换了一种方法，在他给孩子们上课的时候，他多了一项工作，那就是给孩子们看手相，以此来改变和鼓励孩子们。而当轮到罗杰·罗尔斯的时候，皮尔·保罗一本正经地说："我一看你修长的小拇指就知道，将来你是纽约州的州长。"

听到皮尔·保罗这么说以后，罗杰·罗尔斯很是吃惊，因为从小到大，除了他的奶奶曾经鼓励过他一次以外，再也没有人这样对他说过。于是从此以后罗杰·罗尔斯就记住了校长的这句话，并坚信一定会实现的，于是从那天起，"纽约州州长"就像是一面镜子照着罗杰·罗尔斯。罗尔斯的衣服不再满是尘土，说话也不再是满嘴脏话，渐渐地，他开始变得好了起来。在以后的好几十年里，他无时无刻不在提醒着自己以后会是做州长的人，而51岁那年，他终于成为了州长。

孩子的心灵是敏感的，也是具有无限的可能的，也许你轻易的一句话就会让他充满自信，也可以因为你随意的一句话，毁掉他的大好前程。所以不要总是用苛责的方式和孩子们沟通，应该尽可能的多用赞美的话和他们交流，有时候肯定对孩子们来说远比教导更加得重要。

★ 幽默教导的 8 个禁忌

　　父母是孩子的第一任老师，所以在利用幽默来教导孩子的同时还要注意语言也不可以太过随意，孩子就好像一张白纸，你在上面写什么样的字，他呈现出来的就是什么样，所以，千万不要对孩子说一些不该说的话，这样会影响到孩子们的健康成长。在与孩子们进行沟通的时候一定要注意措辞。

　　运用幽默的语言来和孩子沟通，就会更加容易被孩子们所接受，而幽默的语言也可以刺激到孩子们的感官感受，让孩子们加深印象，也有利于培养孩子们的幽默语言的表达，孩子们一般都是天真、富有想象的，所以和孩子们沟通的时候还要有耐心。

　　那么父母对孩子的幽默教导都需要注意些什么呢?

　　1. 不讲黑色幽默: 幽默可以有很多种，有善意的，有让人开怀大笑的，也有带有讽刺意味的。而面对孩子，父母们一定不能用的就是带有讽刺意味的幽默，孩子的模仿力是很强的，这样的幽默会对孩子造成影响。幽默的讽刺会让孩子觉得自己受到了侮辱，觉得自己什么都不行，会打击孩子的自尊心，如果孩子比较顽皮，那么面对这种带有讽刺意味的幽默，还会产生逆反心理，造成不可挽回的后果，还会对孩子的脾气性格造成影响。

2. 要讲轻松的幽默：不论是哪种教导孩子的方法，目的都是让孩子变得更好，树立更好的人生价值观。而幽默的说教更是如此，幽默可以把气氛活跃得轻松、自然、舒适。如果用幽默来吓唬孩子，则失去了幽默教导的真正意义。

3. 幽默要在平等的关系当中建立起来：很多家长觉得应该在孩子心里树立威信，所以有时会用命令的语气去和孩子沟通，而这也是恰恰不行的，有研究表明，长期处在这种成长环境里的孩子大脑会慢慢变得迟钝，缺乏想象力和创造力。

4. 不拿孩子撒气：父母每天的工作很忙，回到家里又有很多琐事，所以难免有不顺心的时候，这个时候如果孩子在身边就有可能拿孩子来撒气，切忌这样去做。这样会对孩子的性格造成不好的影响，长久以往孩子的性格会变得阴郁，沉默寡言，这也是值得家长们引以为戒的。

5. 幽默的沟通不等于溺爱：一些家长平时对孩子都很宠爱，不舍得这个不舍得那个，这样会让孩子变得娇气，心理承受能力差，如果长大以后这种性格定了型，遇到一些突发事件，首先他们自己就难以承受。

6. 不对孩子说脏话：有一些家长平时性格大大咧咧，不注意言传身教，会当着孩子的面说一些不文明的话，或是在和孩子们玩闹的时候，开玩笑的时候无意中说出一些

不文明的话，这样也是不行的。家长就是孩子的一面镜子，你平时让他看到的是什么样，以后他就多半会变成什么样的人。

7. 不说埋怨的话：孩子们在犯错的时候，多数会很忐忑不安，觉得很无助，如果这个时候家长去指责和埋怨孩子，出于本能，孩子可能会选择辩解或是抵触反抗，而无论是哪种都不利于孩子的身心健康。

8. 不对孩子说欺骗的话：不要总是对孩子说假话，例如：你考试考一百分我就给你买什么什么，而当孩子完成以后，很多家长不会去兑现承诺，时间久了，孩子就不信了，就好像狼来了的故事，如果不想要兑现，还不如当初就不承诺。

★ 用幽默的方式和孩子建立沟通

父母和孩子要相处得像朋友一样，要让孩子在和自己沟通的时候是完全敞开心扉的，是毫不保留的，不会有隐瞒，让孩子愿意把自己的小秘密分享给自己。所以父母要和子女多一些有效的沟通，这个时候就需要用幽默的方式来建立父母与孩子之间的沟通桥梁。

对孩子来说，可能内心里最大的秘密莫过于自己的情感问题，当他们遇到问题的时候，其实第一反应是求助自己的父母，可是如果父母没有在生活中和孩子们建立这种良好的沟通关系，那么孩子就不会选择去和父母交流。

有这样一个故事：一位十分倔强的小孩子看到自己的爸爸和妈妈吵架了，一个人打着伞蹲在墙角，后来他的爸爸妈妈过来哄了哄他，可是小孩子还是对他们不理不睬，就这样两天过去了，孩子依然蹲在那里，这个时候小孩子的体力已经消耗殆尽，后来他的爸爸妈妈实在没有办法，于是为他请来了著名的心理治疗大师狄克森先生，狄克森同样拿了一把伞蹲在了小孩子的身边，他看着这个孩子，并向他投去了关心和善意的眼光，终于孩子有了反应，也看着狄克森，过了好一会儿，孩子突然问道："你是什么？"

狄克森反问："你是什么？"

孩子说道："蘑菇好，刮风下雨听不到。"

狄克森也说道："是的，蘑菇好，蘑菇听不到爸爸妈妈的吵闹声。"忽然，小孩子就哭了。

狄克森又说道："做蘑菇好是好，但是蹲久了又饿又累，我要吃巧克力。"于是狄克森掏出一颗巧克力，送到了孩子的鼻前闻了闻，然后又放回自己嘴里吃了起来。

这时孩子说道："我也要吃巧克力。"狄克森给了孩子一块巧克力。待孩子吃完，狄克森又说道："吃了巧克力太渴，我要去喝水。"说完狄克森便站了起来，而此时一旁的孩子也跟着他一起站了起来。

为什么会出现这样的状况？原因在于孩子最需要的是父母对于自己的重视，当孩子们觉得成人的世故和冷漠伤害到他们的时候，他们就会觉得很落寞，以后有事情也不会选择去和父母们沟通，所以要给孩子树立健康的世界观，并以身作则为孩子做个好榜样。

第十章

把幽默运用到
演讲当中

★ 把演讲的主题幽默化

演讲表现出一个人的语言素质，表现了一个人的好口才，如果演讲稿里只是用枯燥的主题、观点、论据来支撑，那么听众也会觉得索然无味，听不下去，所以我们要把幽默融入到我们的演讲里，要让听众听得津津有味，那么应该在演讲中的哪一个部分来融入幽默呢，首先，我们可以把演讲的主题变得幽默化，让听众产生强大的兴趣，引导听众继续听下去。

演讲的选题向来都是很重要的，它决定了整篇言论的中心，是一切语言的基础和前提，我们的整个演讲构架都要根据这个选题而来。如果选题没有趣味性，平淡无奇，那么就算拥有再好的口才也是无的放矢，所以一个带有幽默性趣味性的选题对演讲来说，至关重要。

幽默来源于我们平时的敏锐观察力和洞察力，在平凡的事情中提取精华，这就需要我们在做前提工作的时候要大量地搜集素材。素材越多，就越有利于做比较、分类和甄别，从而更好地做出选择。也可以大量阅读一些书籍或是看一些喜剧小品和电影，将那些和自己生活息息相关的

素材并记录下来。实践证明：大量占有材料是排在第一位的基础工作，是口才表达最重要的基本功之一，并在搜集大量素材的时候，学会自己辨别和分类。

在做搜集材料的工作之前，我们要先定下所要表达的中心思想，然后围绕着这个中心思想去取材，而不是盲目地、没有头绪地去随意取材，在搜集材料的时候要多搜集那些可以作为论点论据的证明材料，还要具有强大吸引力的材料，这样才能抓住听众的心，让听众跟着你的演讲节奏去走，最后产生共鸣。

通常情况下，一般具有很强吸引力的材料都会具备：新、实、趣、道这四个方面的特点。那么新、实、趣、道这四个方面具体指的是什么含义？

1.新：搜集的材料里面要能够反映出新人、新事、新成果、新情况，能够反映出新的面貌，讲出新的道理。材料在保证足够新的情况下还要听众感兴趣，要善于从旧的材料当中提取新的观点和趣味。

2.实：材料要真实，不能是虚假的、杜撰的，只有真实的材料才能够支撑起整个演讲的构架，也更具有说服力。

3.趣：材料要具有一定的趣味性，这样听众才会感兴趣地继续往下听，激发听众的好奇心，而带有趣味性的主题，无论是对演讲者来说还是听众来说，都会很有满足感。

4.道：要明确地指出道理在哪，引起听众的共鸣，而幽默本身的意义就是向他人释放快乐，得出浅显易懂的道理。

在演讲中，如果主题是红花，那么幽默就是绿叶，在幽默的衬托之下，主题会更加地鲜明。从以往的演讲中不难看出，往往很成功的演讲都是具有一定的幽默性的。不会只是在那里干巴巴地讲述论点论据。所以说，幽默可以让演讲更有吸引力，也会让演讲者脱颖而出。

日本有一所著名的大学叫作九州大学，而九州大学也是郭沫若的母校。1955 年，郭沫若回到九州大学去做演讲，他的演讲主题是描述自己在这所学校里的成长经历，以及表达对母校的感谢之情。他的主题取材很明确，那么剩下的他就可以随意地选取当年在学校里生活的有趣之事了。

郭沫若在演讲中这样幽默地说道："在这里我要向我的老师表白，我作为一个医科大学的学生，事实上我并不是一个'好学生'，福冈的景色太美了，千代松原也是非常美丽。由于天天接近这样好的自然美景，所以我在大学时代没法用功，对于医学也没有认真地研究下去，而跑到别的路上去了。"

郭沫若的这番演讲让台下的学弟学妹们大笑不止。他用诙谐幽默的方式去回忆自己的母校，在调节气氛的同时也深刻地表达了自己对于母校的眷恋，还显示出了自己的幽默风采。

在演讲中，我们要去创新，没有创新的演讲是无法抓住听众的心的，给自己的演讲主题加入幽默元素，让你的演讲更有新鲜感和趣味性。

要做到幽默的演讲，需要注意以下几点：

1. 明确演讲的主题。明确了演讲的主题之后，你所选择的事例、素材就会都围绕着这一个中心去选择，所证明的也就都是这个主题，让主题变得清晰，不会跑偏。

2. 明确演讲的重点。要让听众知道你在讲些什么，这样防止听众听完以后觉得很快乐，很精彩，可是重点到底是什么，他们并不清楚。

3. 明确一个故事，通过故事来引题。这个故事应当尽量真实，才会更加具有说服力。

4. 给主题起一个生动好记的名字，要生动、有趣、有新意，让听众听一遍就记住不忘。

一个成功的演讲，离不开好的选题，更离不开幽默。

★ 幽默不是滑稽

普遍研究表明，在演讲中融入幽默是有益处的。幽默可以让听众的注意力更集中，并且能够更好地接收演讲者所传达出来的信息。社会学研究表明：人们对于融入笑话或者逸事中的信息的记忆时间要长于纯粹信息的记忆时间。

很多时候幽默给大家的理解通常会与滑稽混为一谈，但是其实幽默和滑稽是不同的，幽默是一种智慧的体现，是人类文明的结果，而滑稽是单纯的搞笑或是做一些有趣的动作让人来发笑。很多人天生会具有滑稽的天赋，他们可能会利用这种天赋去从事类似马戏团、戏剧社等一些相关的工作。而一个具有幽默细胞的人，一个能够很好驾驭幽默的人，也许不会讲出多么好笑的笑话，也许不会演出多么可笑的小品，但是有他们在的场合，气氛通常都很融洽，会让人觉得很舒服，没有丝毫的拘谨感或是尴尬感，而这种感觉正适合融入到演讲当中。

如果演讲中加入滑稽的成分，会达到让观众捧腹大笑的状态，但是这样反而会分散观众的注意力，让观众很难再把注意力集中到你的演讲内容上面，反倒起到了不好的作用，所以说，滑稽和幽默是完全不同的，造成的影响和效果也是完全不同的。

在术语上面，有一个词叫笑话的炸弹效应，意思是指当你在演讲中给观众讲了一个笑话，可是讲完以后发现观众们对你的笑话并没有太大的反应。如果这种情况发生，那么就会对演讲者的心理造成极大的影响，会让演讲者因为现场的气氛尴尬而变得紧张，紧张就会容易发生演讲的错误，从而影响演讲的效果。

幽默同样也是需要天赋的，同样一件事情，一千个人

去讲就会有一千种不同的方法，自然也会产生一千种不同的效果，所以要想驾驭幽默的语言，还要去锻炼我们的口才和语言能力，这对于演讲来说也是十分重要的。要切记幽默只能够部分巧妙地穿插在整个演讲当中，千万不要因为想要幽默而刻意地去讲一个故事。利兰是美国著名的一位幽默演说家，他就给自己定了这样一个戒条：在开始演说后的三分钟之内，绝对不要讲述故事。这个戒条也同样适用于其他的演讲者。还要注意的是，不能运用具有伤害性的幽默来博人眼球，这样造成的结果只会适得其反，幽默是演讲者与听众互动之间的一座桥梁，千万不要去破坏它。

真正的幽默不是单纯的搞笑，它可以让人在舒适的氛围里充分展现自己的灵动思维和人格魅力，就算发生突发事件演讲者也可以从容应对。

★ 在演讲中融入肢体语言

在气氛良好的演讲环境中，配合肢体语言去表现更能营造气场。在演讲当中，比较常见的肢体语言一般都是手势语言，它极具表现力，虽不会说话，不会烘托情感，但是它只需几个动作便可以演出情节。

什么是手势语言？手势语言是指运用手指、手掌和手臂的动作变化来表达情意的一种无声的语言，是一种具有很强表现力的语言。这种手势语言使用起来比较灵活，没有特定限制，而且变化多样。手势语言可以表现形象，也可以表达感情，所以有人把手势语言也叫作"口语表达的第二种语言"。

我们都知道卓别林是著名的喜剧大师，有一次卓别林去开会，在会议过程当中，有一只苍蝇一直围绕着他的头部飞来飞去，于是卓别林就一直用手去拍这只苍蝇，手拍不到，卓别林就又去找了一个苍蝇拍，可是拍了几次，还是没有拍到，最后有一只苍蝇落在了他的面前，正当卓别林拿起苍蝇拍要去拍死这只苍蝇的时候，他忽然不动了，只是认真地盯着这只苍蝇。其他人也都不解地看着他，有人问道："你怎么不打死这只苍蝇啊？"

只见卓别林耸耸肩膀，然后说道："它不是刚才那只侵犯我的苍蝇！"卓别林说完以后大家都哄堂大笑。

卓别林用幽默的方式来演出这个小幽默，引得大家哄堂大笑，这使得人们对卓别林的敬佩和喜爱又增加了些，而这样的效果远远要比气急败坏地去打死这只苍蝇并不断抱怨来得效果要好太多，而在这样一出小幽默当中，卓别林的肢体语言也是起到了相当大的烘托作用。

手势语言是可以帮助我们更好得表达自己，通常情况下手势语言都会配合着有声语言去进行表演和使用，可以表达出丰富的感情，而如果抛出有声语言，让手势语言单

独使用，同样也会起到很好的作用。

手势语言的运用会直接影响到演讲的效果，在演讲过程中，手势语言可以用来吸引台下观众的注意力，让台下观众的注意力始终保持在演讲者这里，而观众的这种集中精神也会给演讲者以鼓励，增加演讲者的信心。但要注意的是，演讲者的有声语言一定要和手势语言所表达的内容相符合，不能与演讲内容不符，这样不但不会增加演讲的效果，还会使演讲效果大打折扣。

★ 用笑话为演讲增添色彩

在我们演讲的时候，如果语言过于平淡，没有情感在里面，听众会渐渐对你的演讲失去兴趣，时间长了可能还会觉得听你的演讲是一种负担，一般这个时候，你的演讲基本上就已经宣告失败了，那么如果在你的演讲过程中出现类似的情况，你需要做一些能立刻提起听众兴趣的事情，让听众们的注意力始终能够保持在你的身上。那么这个时候我们做些什么才能让听众变得立刻有兴趣呢，通常可以讲个和演讲主题有关的笑话，幽默一下。

胡正荣是我国的著名学者，他曾经说过，我讲课或者演讲的时候，看到下面的听众精力不集中甚至要睡着了的时候，就会去讲一个笑话，听众马上就精神起来了。一会儿又不行了，就再讲一个笑话，又精神了。这是一个很好的办法，大家不妨都用一下。很多的研究也表明：在演讲中运用笑话是非常有益处的，最重要的一点是听众喜欢具有幽默感的演讲。

笑话不仅仅可以让听众的注意力更加集中，还能够很好缓解演讲现场的气氛，缓解演讲者的紧张情绪和听众的疲劳听觉，并且能够很好地促进在演讲过程当中的思想交流。

吉卜林是英国的一名文学家，他就很会演讲，在演讲中，他总是会很注意现场气氛的调节，总会在自己的演讲中讲一些笑话来逗台下的听众。下面这篇吉卜林的小的演讲稿就很值得我们学习：

"诸位，我在年轻的时候，住在印度。我常常替一家报社采访社会新闻，这工作是非常有趣的，因为它可以使我有机会去认识一些伪造货币、盗窃、杀人以及这一类富有冒险精神的有才干的人。（听众大笑）有时在我采访到他们被审判的情形后，还要到监狱里去，拜望一下我们那些正在受罪的朋友。（听众又发出笑声）我记得，有一位因为杀人而被判无期徒刑的人，是一位绝顶聪明而善于说话的年轻人，他告诉我一段在他看来是他一生中最重要的话：'我觉得一个人如果一失足跌入罪恶的深渊里，他一定要从此为非作歹不止，最后他竟以为唯有把他人都挤到邪路里去，才可表现自己的正直。'（听众大笑）这句话，真是妙不可

言!"（听众的笑声和掌声同时响起）

演讲中的笑话不能像滑稽表演那样哗众取宠，为了让观众笑而笑，一定要契合演讲的主题，在主题的基础上去讲笑话，既娱乐了观众，也为接下来的演讲做了铺垫。

★ 演讲中融入互动

演讲表面上是一个人在台上自演自说，其实不然，演讲实际上是在场的所有人都在讲，演讲最忌讳的就是一个人在台上生硬地讲说，和台下没有互动，你的演讲稿所表达的道理再正确、再好，没有人去认真听，没有人去和你互动，就意味着你无法引起听众们的共鸣，你的演讲就是失败的。

约翰·坎图是圣弗朗西斯科的喜剧教练，对于在演讲中融入互动这件事他是这么说的："有一些特殊时间对人有很多特别意义——他们的中学时代，他们的第一辆车，他们的第一次约会，设法将这些时间引入到你的演讲中去，这和让听众回想与他们约会的第一个人一样简单，任何听你讲话的听众都会不由自主地想到那个人，他们会强烈的融入到你的演讲中去，而这里只有一件事需要注意——你必须澄清为什么你要让听众想这些情感上的东西，它必须与你的讲话有关并且能够说明问题。"其实要想做到在演讲中融入互动也很容易。你只需要在你的演讲中找到一些可以和台下听众引起共鸣的幽默情况，然后把它和你想要听众想象的东西结合起来就可以了，而对于通过唤起听众所有感官的记忆这件事，约翰·坎图还特意描述了一下这种情况的感觉，他说："你还记得高中时吗？所有人都在大厅里走来走去，所有人都围着你讲笑话，那个地方闻起来像公共厕所，但是这可以帮助保持听众的参与。"

里根是美国前总统，每次他演讲的时候就会格外注意在他的演讲中加入一些幽默语言来做点缀，以此来赢得观众的注意力和尊重。里根在一次演讲给农民听的时候，他为农民们讲说了这样一段逸事来让他的观众始终保持着听讲的兴致，他是这样讲的：一位农民买下一块干涸的小河谷，这片荒地早已覆盖着石块，杂草丛生，到处坑坑洼洼。他每天去那里辛勤耕耘，由于他的他不断劳作，最后荒地变成了花园，为此他深感骄傲和幸福。一个星期日的早晨，他操劳一番后，前去邀请部长先生，问他是否乐意过来看看他的花园，于是，那位部长来了，视察了一番，他看到瓜果累累，就说："呀！上帝肯定为这片土地祝福了！"他看到玉米丰收，又说："哎呀！上帝确实为这些玉米祝福过。"接着又说："天哪！上帝和你在这块土地上竟取得了这么大的成绩！"这位农民微笑着说："尊敬的先生，我真希望您看到过上帝独自管理这片土地时，它是什么模样

的。"

　　里根的这篇演讲很显然是根据他的听众来选材的，他的听众是农民，于是他选取了一个和农民有关的故事，从而让农民听众们对他的演讲产生了兴趣，并实现了演讲者与听众的互动，这在演讲中是十分重要的。

第十一章

世界著名演讲
稿原稿鉴赏

下面会为大家附上几篇著名的演讲稿，每一篇都有自己的特点，对于演讲者来说都是十分宝贵的资料，很值得我们细细研究。

★ 马丁·路德·金《我有一个梦想》

以下是这篇演讲的全部内容，我们可以仔细阅读来学习一下：

今天，我高兴地同大家一起，参加这次将成为我国历史上为了争取自由而举行的最伟大的示威集会。

100年前，一位伟大的美国人——今天我们就站在他象征性的身影下——签署了《解放宣言》。这项重要法令的颁布，对于千百万灼烤于非正义残焰中的黑奴，犹如带来希望之光的硕大灯塔，恰似结束漫漫长夜禁锢的欢畅黎明。

然而，100年后，黑人依然没有获得自由；100年后，黑人依然悲惨地蹒跚于种族隔离和种族歧视的枷锁之下；100年后，黑人依然生活在物质繁荣的海洋中一个贫困孤岛上；100年后，黑人依然在美国社会中间向隅而泣，依然感到自己在国土家园中流离漂泊。所以，我们今天来到这

里，要把这骇人听闻的情况公之于众。

从某种意义上说，我们来到国家的首都是为了兑现一张支票。我们共和国的缔造者在拟写宪法和独立宣言的辉煌篇章时，就签署了一张每一个美国人都能继承的期票。这张期票向所有人承诺——不论白人还是黑人——都享有不可让渡的生存权、自由权和追求幸福权。

然而，今天美国显然对它的有色公民拖欠着这张期票。美国没有承兑这笔神圣的债务，而是开始给黑人一张空头支票——一张盖着"资金不足"的印戳被退回的支票。但是，我们决不相信正义的银行会破产。我们决不相信这个国家巨大的机会宝库会资金不足。因此，我们来兑现这张支票。这张支票将给我们以宝贵的自由和正义的保障。

我们来到这块圣地还为了提醒美国：现在正是万分紧急的时刻；现在不是从容不迫悠然行事或服用渐进主义镇静剂的时候；现在是实现民主诺言的时候；现在是走出幽暗荒凉的种族隔离深谷，踏上种族平等的阳关大道的时候；现在是使我们国家走出种族不平等的流沙，踏上充满手足之情的磐石的时候；现在是使上帝所有孩子真正享有公正的时候。

忽视这一时刻的紧迫性，对于国家将会是致命的。自由平等的朗朗秋日不到来，黑人顺情合理哀怨的酷暑就不会过去。1963年不是一个结束，而是一个开端。

如果国家依然我行我素，那些希望黑人只需出出气就会心满意足的人将大失所望。在黑人得到公民权之前，美国既不会安宁，也不会平静。反抗的旋风将继续震撼我们国家的基石，直至光辉灿烂的正义之日来临。

但是，对于站在通向正义之宫艰险门槛上的人们，有一些话我必须要说。在我们争取合法地位的过程中，切不要错误行事导致犯罪，我们切不要吞饮仇恨辛酸的苦酒，来解除对于自由的饮渴。

我们应该永远得体地、纪律严明地进行斗争。我们不能容许我们富有创造性的抗议沦为暴力行动。我们应该不断升华到用灵魂力量对付肉体力量的崇高境界。席卷黑人社会的新的奇迹般的战斗精神，不应导致我们对所有白人的不信任——因为许多白人兄弟已经认识到：他们的命运同我们的命运紧密相连，他们的自由同我们的自由休戚相关。他们今天来到这里参加集会就是明证。

我们不能单独行动，当我们行动时，我们必须保证勇往直前。我们不能后退，有人问热心民权运动的人："你们什么时候会感到满意？"只要黑人依然是不堪形容的警察暴行恐怖的牺牲品，我们就决不会满意；只要我们在旅途劳顿后，却被公路旁汽车游客旅社和城市旅馆拒之门外，我们就决不会满意；只要黑人的基本活动范围只限于从狭小的黑人居住区到较大的黑人居住区，我们就决不会满意；

只要我们的孩子被"仅供白人"的牌子剥夺个性，损毁尊严，我们就决不会满意；只要密西西比州的黑人不能参加选举，纽约州的黑人认为他们与选举毫不相干，我们就决不会满意。不，不，我们不会满意，直至公正似水奔流，正义如泉喷涌。

我并非没有注意到你们有些人历尽艰难困苦来到这里；你们有些人刚刚走出狭小的牢房；有些人来自因追求自由而遭受迫害风暴袭击和警察暴虐狂飙摧残的地区。你们饱经风霜，历尽苦难。继续努力吧，要相信：无辜受苦终得拯救。回到密西西比去吧；回到亚拉巴马去吧；回到南卡罗来纳去吧；回到佐治亚去吧；回到路易斯安那去吧；回到我们北方城市中的贫民窟和黑人居住区去吧。要知道，这种情况能够而且将会改变，我们切不要在绝望的深渊里沉沦。

朋友们，今天我要对你们说，尽管眼下困难重重，但我依然怀有一个梦，这个梦深深植根于美国梦之中。

我梦想有一天，这个国家将会奋起，实现其立国信条的真谛："我们认为这些真理不言而喻：人人生而平等。"

我梦想有一天，在佐治亚州的红色山岗上，昔日奴隶的儿子能够同昔日奴隶主的儿子同席而坐，亲如手足。我梦想有一天，甚至连密西西比州———一个非正义和压迫的热浪逼人的荒漠之州，也会改造成为自由和公正的青青绿洲。

我梦想有一天，我的四个小女儿将生活在一个不是以皮肤的颜色，而是以品格的优劣作为评判标准的国家里。

我今天怀有一个梦。

我梦想有一天，亚拉巴马州会有所改变——尽管该州州长现在仍滔滔不绝地说什么要对联邦法令提出异议和拒绝执行——在那里，黑人儿童能够和白人儿童兄弟姐妹般地携手并行。

我今天怀有一个梦。

我梦想有一天，深谷弥合，高山夷平，歧路化坦途，曲径成坦途，圣光披露，满照人间。

这是我们的希望，这是我将带回南方去的信念。有了这个信念，我们就能从绝望之山开采出希望之石；有了这个信念，我们就能把这个国家的嘈杂刺耳的争吵声，变为充满手足之情的悦耳交响曲；有了这个信念，我们就能一同工作，一同祈祷，一同斗争，一同入狱，一同维护自由，因为我们知道，我们终有一天会获得自由。

到了这一天，上帝的所有孩子都能以新的含义高唱这首歌：我的祖国，可爱的自由之邦，我为您歌唱。这是我祖先终老的地方，这是早期移民自豪的地方，让自由之声，响彻每一座山岗。如果美国要成为伟大的国家，这一点必须实现。因此，让自由之声响彻新罕布什尔州的巍峨高峰！

让自由之声响彻纽约州的崇山峻岭！

让自由之声响彻宾夕法尼亚州的阿勒格尼高峰！

让自由之声响彻科罗拉多州冰雪皑皑的洛基山！

让自由之声响彻加利福尼亚州的婀娜群峰！

不，不仅如此；

让自由之声响彻佐治亚州的石山！

让自由之声响彻田纳西州的望山！

让自由之声响彻密西西比州的一座座山峰，一个个土丘！

让自由之声响彻每一个山岗！

当我们让自由之声轰响，当我们让自由之声响彻每一个大村小庄，每一个州府城镇，我们就能加速这一天的到来。那时，上帝的所有孩子，黑人和白人，犹太教徒和非犹太教徒，耶稣教徒和天主教徒，将能携手同唱那首古老的黑人灵歌："终于自由了！终于自由了！感谢全能的上帝，我们终于自由了！"

★ 俞敏洪南昌新东方演讲

接下来的第二篇演讲稿，为大家选择的是俞敏洪在南昌校庆时发表的一篇演讲稿，非常励志。

亲爱的南昌新东方的同事们：

大家下午好！非常高兴在这么一个春雨霏霏的日子，来到春意盎然的南昌，来到赣江之滨的新东方学校。一眨眼十年过去了，还记得当初强浩他们在这一无所有，筚路蓝缕创建南昌新东方。新东方每个学校都经历了相似的过程，我们都是从零开始，在一个城市逐渐赢得老百姓的信任，让一批又一批的有才华的人不断加入新东方，我们有那么多人，五到十年之间还坚持在这个平台上，来做出自己的贡献，挥洒自己的汗水，这既是因为新东方有着某种吸引力，但更多的是因为大家一起团结奋斗，才使新东方有了内涵，有了发展的底蕴和底气。

★ 人生需要拥有让生活变得更加丰富的精神

这几年在晓峰的领导下，南昌新东方赢得了进一步的发展，不管是收入还是利润都在健康增长，但收入利润一直不是我关注的重点。我真正关注的重点是，我们新东方的员工是不是变得更加开心和幸福了，更加长进和愿意奋斗了。至少从今天的节目，我似乎找到了肯定的答案。

昨天晓峰接我的车上和我说，今年的利润多一点啦，我说尽可能把多出来的钱用一些在员工身上。尽管我认为人的幸福和快乐跟金钱并没有直接的联系，但是跟金钱肯定有相对的联系。当我们员工能够有更多的钱，能够布局更加美好的生活，当我们去旅游的时候想的不仅是庐山，而是已经想到了富士山或者旧金山，那时候我们的心中一

定会更加快乐和幸福；当我们想到车的时候不是想自行车或电动车，而是可能买一辆小汽车，相信大家的心中也一定会更加地幸福。物质财富和我们的最终幸福无关，但是跟我们的相对幸福一定有关系。所以我希望我们的个人收入越多越好！

当然，我相信我们的幸福更多来自于内心的充实，来自于自我成长。人生最无趣和最无聊的事情就是拥有生活下去的资本，但却不拥有让生活变得更加丰富的精神。这也是我为什么在新东方一直强调，要求大家读书，思考，而且我力所能及做出榜样。

大家只要这半年来关注我的"老俞闲话"公众号，就应该能够看到，我每天都在力争向大家展示，我自己的进步和新东方的情怀。进步跟年龄没有关系，和你是否追求进步的心态有关。只有不断进步，你自身的价值才会不断地提高，价值不断提高，你才能够更值钱，更加容易换取你的生活资源。

★ 绚烂是种生活态度，是对我们生命的一个承诺

南昌新东方十周年的主题词是：绚烂，无畏，奋斗，成长，骄傲。

首先，我认为绚烂是一种生活态度，我们说生如夏花

一般地绚烂。这种生活态度是什么？就是人生必须要有精彩的时候。我们不可能每天绚烂，就像不可能每天都是蓝天白云一样。但是正是因为有了连绵阴雨的天气，蓝天白云才显得可爱；正是有了冬天的萧杀，才有了春天来临百花齐放的美丽。

所以，绚烂是一种人生态度，也就是当你面向未来，你必须对自己的生命有一种承诺，这种承诺就是生命必须开放。至于说开放到什么程度，在什么时候开放，我们不需要知道得那么具体。

有的人也许就是一辈子开放而绚烂的。前天我们去看了大学的老师许渊冲教授，96 岁依然在开放，开放了一辈子，翻译了一百八十多本著作，很伟大。我们也许并不能每个人都拥有像他这样的天赋，而且刚好老天给他假以岁月和时日，到了 96 岁依然说话声如洪钟。

但我们每个人都有自己不同的生命，只要活着，你就不是尘埃，你就是珍贵的生命。生命之花的开放，是一种态度。如果在座这里有人说面向未来发现生命就是一片黑暗，你就没法过下去了。因为只有对自己有更加美好的期待，我们才有希望。

绚烂更是人生的一种选择，我始终相信人的命运是自我选择的过程。你的长相没法选，智商没法选，家世背景没法选，但你能选择生命的道路。生命的道路，你去选择

的时候，可以选择平庸，也可以选择奋斗，可以选择伟大的梦想，也可以选择平凡的生活，各如其愿。我更希望新东方人，能够选择绚烂，选择生命某一天的绽放。当然任何一次生命的绽放，都来自于你日日夜夜的平凡努力。

今天大家看我，算是有一点点绽放的生命，但是大家不知道我每时每刻都在付出的努力。前天我和大学同学聚会，喝酒的时候他们说，俞敏洪你这个大学毫不起眼的人物，成了大家有点羡慕的人物，但不是羡慕你有钱，而是佩服你在做新东方的同时，居然还能读那么多书，佩服你社会公德心和同情心还在。

★ 无畏在于敢于放弃，敢于克服我们内心的恐惧

选择了绚烂，你还要不畏艰险，勇往直前，这就是第二个词：无畏。人的生命有太多的东西是可以恐惧和害怕的。当你面对一个机会时，你是否敢于放弃眼前的利益，这就是一个无畏的选择。

我常常喜欢举的例子是我 1995 年去美国的时候，找了好几个我大学的同学，最后只有王强、徐小平、包凡一回来了。王强当时拿着贝尔实验室几万美元的工资，但他是一个无畏的人，愿意重新开始自己的尝试，愿意信赖一个他在大学甚至瞧不起的同学。

当你拥有了很多，还敢于放弃去追求新的生命之路，这实际上是对未来更加绚烂的生命的一种期待，无畏的英文是 fearless，所谓的没有恐惧并不是说你内心没有恐惧，而是你能够克服内心的恐惧。

就像我当初从北大出来，克服了我从北大出来一无所有、身无分文的恐惧一样；就像我在医院生病的时候，克服了对疾病的恐惧一样；就像我今天依然敢于一个人背着背包走遍世界的角落，去探索世界的文化和奥秘一样。

我走进摩洛哥的时候，有人告诉我不要随便跑，有时候你预料不到会发生什么，结果我走遍了摩洛哥的山山水水，进了很多老百姓的家里，碰上的全是好人。当我在印度的时候，有人告诉我，你千万不能喝印度的水，喝完一定会拉肚子，结果我不光喝了印度的水，而且和印度人一起用手抓饭吃，结果也没拉肚子。当你走进去才知道，你原来害怕的那个世界，其实无比精彩地在等着你。

其实生命中有那么多让你感到恐惧的东西吗？没有。我们常常是内心的恐惧压过了现实的恐惧。人实际上只有摆脱了自己的恐惧、害怕、顾虑，才能够掌握生命的主动权。

★ 王石《坚持与放下》

第三篇演讲稿来自王石，他是万科集团创始人、董事

会主席，在著名的电视节目《开讲啦》当中，他曾经进行过这样一篇演讲，用自身的经历做例子，演讲的题目叫作《坚持与放下》。

同学们好，像这样和同学们交流还是第一次，因为站在前面什么都没有，从表演上来讲这叫作当众孤独。但是刚才主持人那热情洋溢的介绍和同学们热烈的反应，好像让我也年轻了两岁，我想到了比你们还年轻的时候，那个时光大约是四十五年前了，我那时候才十几岁，和你们一样想着未来该做什么。

我曾受福尔摩斯侦探的影响，特别想当个侦探家，也受《海底两万里》《八十天环游世界》的影响，想当个探险家，就像《鲁滨孙漂流记》那样。我的数学成绩不错，在小学的时候，是可以跳级的那种，但我的语文不好，所以没能跳级。

我当过兵，当过工人，当过工程师，当过机关干部，这样做到 32 岁。当时我在广东的外贸部门，在别人来看，这个职业非常非常好，但是我已经看到我人生的最终会走到哪里去，我当时的身份是副科长，我已经看到了，我一步一步地可以当科长、副处长、处长、副厅长。既然我已经看到了我这一生会怎么过，我的追悼会怎么开，我能想象，我躺在那里，朋友们是怎么来向我鞠躬、哀乐，我都想得清清楚楚，我觉得这样的生活，我当然不甘心。这是我后来到深圳创业的初衷。

我没有严格的人生计划要当一个企业家，甚至当年的我对于做商人这件事是非常讨厌的。

我只是希望改变一种新的生活方式，我就这样去了。我既不喜欢做企业，也不喜欢做生意，我曾公开说我不喜欢房地产，以至于现在万科的CEO郁亮私下跟我说："董事长，你不喜欢就不喜欢，但是你不要公开说，你公开说不喜欢，我们怎么教育团队要喜欢、要热爱这个行业？"我说好，我不说了。

但是今天我站到这里，我要告诉同学们，我非常喜欢房地产，非常喜欢房地产行业，因为它牵涉到城市建设、城市规划、造福于消费者、造福于人民，我后知后觉地突然发现，我正在从事着一个我梦寐以求都求不到的职业，我由衷地喜欢上了我原来根本不喜欢的工作。

同学们，我这里想说的是，你不要急于大学一毕业，就马上要找到一个如何发财、如何终身相伴的职业，不要着急，当你不确定的时候，你就把你所在的工作做好，所在的你不愿意的行业做好。可能工资不随你的心，可能待遇不随你的心，可能所处的环境，那些人员不随你的心，但是你要拥有一颗平静的心。人生下来所谓的自由选择，它本身就是不自由的，不自由过程当中，你仍然要把它做好，当作人生的一个经历、一个积累，经历本身就是一种

财富。

我要说的第一个故事，是 2009 年，《南方周末》成立 25 周年，做"中国寻梦者"评选，评选了 8 个人，我荣幸入选，有意思的是给了三个标签，让我来选。第一个标签是企业家，第二个标签是登山探险家，第三个是不行贿者，那同学们，你们猜猜我会选哪一个？我选择了不行贿者。我记得在我获得这样一个荣誉的时候，我说："不行贿是我做商业的底线，但我没想到这个底线，却成了我的一个标签，这很荒唐。"最基本的底线，很多人却认为不可能，一个长久的坚持、最起码的人格要求，反而成了你最具竞争力的东西。我不得不遗憾的说，我们的社会是需要改革的。

我的身体不是很强壮。同学们可能就纳闷了，说怎么可能，你的身体不强壮怎么登上珠峰的？我说正因为我登上了珠峰，我的身体才强壮了起来，我通过尝试一个山头、一个山头的克服，这个过程使得我的心理承受能力比原来更强，使我的体力也变成越来越强壮，而不是因为我拥有强壮的体魄我才去登山。事实上，我有偏头疼，一疼四五天，五官有中耳炎、视网膜炎、鼻窦炎、咽炎。我感到最恐惧的是 1995 年，我突然感到我的左腿剧疼，医生非常清楚地说，说你腰椎间有一个血管瘤，你必须马上减少行动，最好是坐轮椅，否则你可能随时瘫痪。我当时脑袋一懵，我怎么也没有想到我 44 岁的时候，正是年富力强的时候，医生宣布我可能瘫痪。所以我想，无论如何，在瘫痪之前，我要去一趟西藏，要去一趟珠穆朗玛峰。

2003年我去了西藏，记得在登顶下撤的途中，在8800米的位置上，天气非常不好，阴天、刮风、下雪，我特别想坐下来，但我受过的登山训练告诉我，我不能坐下来，我要是坐下来，我就起不来了。那一刻，能不能活着回来都不清楚，但那时就有一个愿望：如果我能活着回去，我绝不再返回喜马拉雅山，如果再返回来，我就是王八蛋！我诅咒自己。可安全回来之后，那个诅咒也忘了。

我到山脚下和医生谈的时候，医生说你遇到的就是濒临死亡的感觉。登到8000米以上的山峰时，只有两种废弃物是没人理的，一种是空氧气瓶，再一个就是遇难者的尸体，你免不了会看到遇难者的表情，没有痛苦，没有狰狞，没有死亡之前的挣扎，都很安详，好像进入天堂一样。当然了，即使进入天堂很美妙，你愿意进入吗，我相信还是不愿意进入的，所以哪怕受折磨，受苦难，你还是愿意留在这个世界上。我们知道我们会死，但在死亡之前，你希望什么呢，你希望做你想做的事情。

我曾说，我一生要三次登顶珠峰，2003年是第一次，2010年是第二次，我想我差不多在我70岁的时候，也就是2021年的时候，我要再登一次顶。但当我到哈佛之后，我才意识到，哈佛是我的第三次珠峰，和这两次珠峰完全

不同的是，这座山峰没有物理高度。很多人问我，说登珠峰难不难，我说当然难，比想象的还要难。第一个学期特别累，要记太多单词，失眠，想睡也睡不着，做作业做到2点钟，8点钟起来，我曾经几次想打退堂鼓。

我想跟同学们说什么呢？人生当中一定要保持一种自我的不满足，保持着一种好奇心，保持着你对未来的某种期许，坚持就非常重要，胜利往往是再努力一下的坚持之中。我想我和很多人最大的不同，不在于我比他们聪明，也不在于我比他们更运气，很重要一点，就是我有这样一个认准的目标，坚持下去。

刚才讲"坚持"了，现在我想讲讲"放下"。我想说的放下，第一是放下金钱，第二是放下权力，第三是放下虚荣。

1988年，万科进行股份化改造，当时公司形成4100万规模。当时我就声明，我放弃分到我名下的股权。第一，我觉得这是我自信心的表示，我不用控制这个公司，我仍然有能力管理好它；第二，在中国社会当中，尤其在80年代，突然很有钱，是很危险的，中国传统文化来讲，不患寡，患不均，大家都可以穷，但是不能突然你很有钱。所以在名和利上，你只能选一个，你要想出名，你就不要得利，你要想得利，你不要出名。我的本事不大，我只能选一头，我就选择了名。这是我想放弃财富。

1999年，48岁的时候，我辞去了总经理的职务，开始只当董事长，真正的不管公司的事儿。这是我想放弃权力。

第三个放弃，就是放弃虚荣。实际上这回去哈佛，很多人都很好奇，说你王石到哈佛去干什么，首先就问，你到那儿带翻译吗？第二，你上的是老年大学吧，更多的朋友之间一见面，那就是猛夸，铆劲地夸，"太"佩服你了，就是"太"这个字拉好长时间，我说你表扬我还是骂我，这样表扬，无非就是说你王石要过语言关是不可能的，但是你过了，所以"太"佩服你了。确实，一个中国的著名企业家，上市公司老总，年纪又过了60岁，你开始学英文，你能不能拉下脸，能不能放下面子，是个问题。

同学们今天在听我演讲，我年轻的时候也曾听过我敬仰的人演讲。他们是两位美国人，一位是肯尼迪总统，一位是巴顿将军，肯尼迪总统的就职演说里说"不要问社会能为你做什么，而要问你为社会做了什么"，我非常欣赏他这段话；第二是巴顿将军，他说"评价一个人成功的标准，不是他站在顶峰的时候，而是他从顶峰跌到低谷时候的反弹力"，我同样非常欣赏。我的人生经历当中，我怎么也没有想到2008年对我是一个非常非常大的打击，一个拐点论，一个捐款门，弄得我狼狈不堪，祖宗八辈子都骂到了，一天谩骂的帖子三四十万，删都删不过来。但之后我给了几个感谢，第一，感谢股民对我的这种唾骂，让我归零，让我认识我是老几，我重新认识自己。而且我现在回忆，

确实我当时比较嚣张，我感到我在做正确的事情，说话根本不在乎别人的感受，不在乎在什么场合下；第二，这是我了解社会和年轻人非常好的一个平台，不要说是善意的，就算是恶意的又怎么样呢？我既然是公众人物，我享受到公众人物带来的好处，我就应该接受我作为公众人物应该接受的监督。公共人物就是公汽，公汽就是公共汽车，坐上去感到很舒服，它就表扬你两句，它坐得不舒服，吐口痰，你就得承受。

同学们，我想用下边的一段感悟来结束我的谈话。很多同学非常羡慕我们80年代的一代人，我现在想起来，我也很羡慕，因为80年代当时不觉得，事后越想越觉得那是一个黄金时代。可能你们会感叹现在这个世界、这个时代，全球的不确定，中国未来的不确定，你们很感叹，没有机会了。现在讲拼爹，我相信在座能这样交流的，拼爹的不多，都是拼自己。但如何拼自己，怎么拼呢？我想说的是，如果什么都确定了，你要想出人头地，想有所作为，那是非常非常难的，正是因为这些不确定，才给了你们机会。我们认识的中国，我们大家都意识到它需要改，但往哪儿改，不大清楚，但是我们都清楚的是，我们希望改好，上下想法是一样的。

四年前，我在金沙江漂流，金沙江上水流湍急，到堰塞湖的时候，江水平静，流得非常非常缓慢，这时我就有时间看两边的景色。金沙江两边景色都是悬崖峭壁，这时你才发现，悬崖峭壁上是一股一股潺潺的流水，我突然醒悟到，这滔滔的江河就是一股一股无数的潺潺的细细的流水形成的，这一股股的流水，就是我们每一个人，每一个家庭，每一个企业，每一个单位，如果我们每一股细小的力量，都做我们应该做的事情，我们汇成的江河，就将汇成我们对未来的期望。

这就是我今天想和同学们交流的。谢谢！

★ 马云创业演讲稿

下面选取的是马云的一篇创业演讲稿，马云可谓是中国的骄傲，美国《福布斯》杂志曾经这样评价过马云：深凹的颧骨，扭曲的头发，淘气地露齿而笑，拥有一副5英尺(1.53米)、100磅(45千克)的顽童模样，这个长相怪异的人有着拿破仑一样的身材，同时也有着拿破仑一样伟大的志向。以下就是马云的一篇创业演讲稿全文，供大家学习：

大家晚上好！感谢董先生，感谢团结香港基金给了我这么一个机会跟大家交流。今天我首先，因为我不会讲广东话，我主要是讲国语。因为广东话很多人说是会听不会讲，我是会讲不会听。所以我想今天还是用国语，但是我用汉语的时候我讲话的风格比较快，所以希望大家能够理

解，我尽量讲得慢一点。

另外一个，我讲的不一定是对的。但是我希望我讲的给大家一点思考，我同事已经在我上台前不断提醒我别教训香港年轻人，香港年轻人不要听你的教训，我自己觉得我是一个创业 15 年有很多的经历，更像一个大哥在创业了十多年经历了很多挫折以后，跟大家分享一些我的看法。所以接下来我想讲几个观点。

★ 第一个观点我从没有想到会走到今天

创业的时候我记得我请了 24 个朋友到我家里说我准备做一个事情叫互联网。大家听了将近两个小时，没有人听懂我说什么，最后投票表决，23 个人反对，只有 1 个人说你去试试看。当然我不管别人怎么想，我们最后决定还是开始创业了。

我不具备今天很多年轻人讲的你有什么资格，你有什么学识、知识、能力，既没有学过会计，也没有学过管理，更不懂电脑，为什么开始创业这件事情？大家知道我确实数学在高考第一次考过 1 分，不觉得丢人，我觉得讲真话不丢人，最丢人的是讲假话。我数学考过 1 分，大学考过 3 次，初中考重点中学考过 3 次，也没考上。我们那个学校也是当时杭州最差的学校，我考进大学，杭州师范大学，是杭州第四流大学，尽管我觉得它比哈佛重要。

所有人看来我不具备创业条件，但是很奇怪，有时候读书不好反而可以创业。我送了两个同事去 MBA 读书，都没录取，我很奇怪问系主任为什么，他说他们数学太差考试都没有及格。我说考试及格他们还会来读 MBA 吗？考试及格他们还会创业吗？他们可能当科学家、他们可能有很好的工作，所以我们这些人原来很多资质并不是那么好。所以在人们看来几乎没有可能成功的，我们走了 15 年，走到今天，当然阿里巴巴 15 年，我前面还有 4 年做中国黄页，到外经贸部工作 13 个月，打零工。

在我家里创业的时候，我跟 18 个创始人，包括我在内的 18 个人讲了一点，如果我们这些人能够成功，中国 80% 的年轻人都能够成功，因为没有人给我们一分钱，也没有给我们有权力和地位，我们什么资源都没有。我们 18 个人凑了 50 万人民币，我们决定这 50 万人民币大概能够坚持 12 个月。如果能够融到钱，继续下去。结果我们熬到第 8 个月已经没有钱了，而且没有人看好我们。我记得我跟蔡副主席一起去硅谷融资，我们被三十几个风险投资全部拒绝了。我到现在为止不写计划，其中一个原因我写的所有计划都被拒绝掉了。不是计划很重要，而是坚定做自己的事情很重要。

阿里走到现在，很多人说梦想、理想、幻想是有很大

差异的。梦想，每个人年轻的时候都有过，我记得有一些
父母跟我讲过，我这个孩子三天两头换梦想，今天想这个，
明天想那个，我说这很正常，总比没有梦想好。我想过当
解放军、我想过当警察，我甚至想到 KFC 应聘工作，23 个
录取了，就我没有录取。当警察，5 个人去，4 个人录取，
我没有录取。所以梦想有也挺好，但是理想是什么？理想
是一批人共同坚定一件事情，并且有计划、有实践、有行
动，一点点把它变成现实。

阿里巴巴开始做的时候，不是一个简简单单的梦想，
更不是幻想。今天我看到很多人幻想挺多，天天想幻想
是什么？不切实际、没有行动、总觉得别人不对。所以我
自己觉得，如果我走过，我们有一帮人，18 个人在家里
面大家坚定共同的信念，说我们许诺一起走。我们那个
时候 50 万人民币，如果我们失败，找不到钱的话，我们
18 个人一起去找工作，我觉得我们还是有机会。所以大
家分清楚，如果你有一个梦想你是不是在坚持，是不是
在行动。如果你有一个理想，你是不是一批人一起去做。
如果一个人其实是很累的，创业不是你的事情，创业是
一批人的事情。

所以我今天很幸运，前面 4 年我创业，从中国黄页做
了两年半到三年，到国家的外经贸部做临时工 13 个月，全
失败了，没有人看到这些失败。从阿里巴巴到现在，我们

做了 15 年，我们很幸运，我们成功了。但是绝大部分人没有成功，成功的原因很多，失败的理由都差不多，我想跟大家分享，在座如果你要去创业，多花点时间思考别人为什么失败，不要去思考别人为什么成功，成功有很多原因的。我发现我很多同事本来都很聪明，把他们送进 MBA 学习回来后全比较傻了。原因是什么呢？

它有两件事情，一是我后来发现 MBA 案例教学都是教别人张三怎么成功、李四怎么成功、王五又怎么成功，学了太多成功的事情后，你反而不知道，觉得自己飘飘然。第二，MBA 把很多东西固定化了，所以我自己回忆在阿里巴巴成立的前三年到五年内，我每发现一个公司怎么失败的，我就会把这个公司失败的案例发给所有同事，让大家知道这些事情要记住，别人犯这样的错误我们也会犯，不要以为你有多聪明，人都是差不多。只有避开那些经常犯的错误，你才有可能。尽管这样，阿里巴巴犯的错误绝不亚于任何一家公司。

我今天这样觉得，阿里巴巴很多书讲马云怎么成功、怎么能干、阿里巴巴怎么能干，其实我们这些人都不怎么能干。我是肯定不能干，我们 18 个人也不那么能干，如果能干，他们早去其他世界 500 强，找不到工作才到这里。然后也没有人请我们，我们只能自己安慰自己走下来。这是现实。但是我们不断坚持、思考，并且学习别人失败的

经验。所以走到今天，我们的市值，阿里巴巴这家公司变成全世界这么大的一家公司。

我其实很担心，我们三四年前，大家都认为阿里巴巴很糟糕，商业模式不行，技术不行、服务不行、产品不行，还有很多假货，反正看来都不行。我跟同事讲，我们其实比别人想象的要好。但是今天，所有的人都认为阿里巴巴了不起，中国的骄傲，互联网的奇迹，电子商务做得那么好，其实我们远远没有别人想得那么好。我们还是一家很年轻的公司，只有15年，15年的成功并不意味着你未来会成功。我们在做前人没有做过的事情，这些东西让我们很理性看待自己，别人说你好的时候你要知道你没有那么好。别人说你坏的时候，你也要想想其实我们也还可以了。所以我们就是这样不断调整自己心态走到今天。

我们没有想到我们走到今天，说心里话，我们今天阿里巴巴的人一定比15年前要能干很多，但是再走一遍，同样一批人再走一遍，一定不会走到今天。时代过去了。我在上个礼拜面试了8个年轻人，要准备自己创业，我们成立了一个大学，叫湖畔大学，培养发现企业家。这8个人我听了两个小时候，我心里发虚，我想幸好15年前干，要是现在干肯定被杀得片甲不留。今天的年轻人肯定比我们要能干很多，只是在别人反对你的时候，你能够说服自己，说服同行一起上路，这是我第一个观点。

★ 第二个观点没有想到创业有这么艰难

我告诉大家，15 年前走到现在，我根本没有想到有这么艰难，有这么多麻烦，有这么多痛苦，我真的跟自己不止一次讲过，要是重新来过，我愿不愿意来？我说我不来。马云，有一天你会这么成功，但是你要付出这么多代价，你愿不愿意？我说心里话，我不愿意，这也是实话，我今天来就是跟大家讲实话，讲真话。

人家说我宁可付出代价做到你这么好，其实不是那么回事。大家看到今天成功的时候，但是没有看到所有错误的时候、沮丧的时候，同事闹矛盾的时候，政府找麻烦的时候。没有钱的时候，发不出工资的时候，客户不满意要求退货的时候。其实无论你在创业过程，你多成功，成功都是短暂的。但是付出的代价是非常大的，犯的错误是无数的。全世界企业家都是这样，你们今天看到他辉煌的时候，但是你一定没有看到他背后付出的代价。

我们懂得自己温暖自己，自己安慰自己，我们知道工资发不出的时候该怎么办呢？我们发现我们自己只能开2000 块钱工资或者 500 块钱工资的时候，别人到你们公司抢员工出 5000 元的时候你该怎么办？其实每一天你要面对这样的困难，一直希望自己把公司做大了，也许我就不需

要有那么多麻烦。

我特别喜欢看香港这种电视剧，老板什么事都不干，雪茄抽一抽，很气派的样子，我想有一天我也做大了，我或许没有麻烦。现在明白了企业越大，麻烦越多，责任越大。还不如自己在小房间创业的时候，每个阶段都有自己独特的困难。但是今天另外来讲，又把自己想明白了，能做阿里巴巴，能够给这么多人服务，能做这样的事情，是一种福报，是修来的。别人想干还干不来，既然做了，就做下去。所以在座所有创业者，全世界创业者都有一本苦难的经，大有大的难处，小有小的痛苦，但是保持良好的心态，因为你今天至少可以做一些事情去改变。所以我想实话说这15年超过大家的想象。有人讲马云你很智慧啊，哪来的智慧，智慧的人肯定都是很倒霉过来的人，所有智慧者都是吃过巨大的生理、心理痛苦才走过来。只有知识很好的人，智商很高的人未必吃过苦，情商很高的人一定吃过苦。

★ 第三个观点机会其实是均等的

我一直认为这个世界没有机会。刚开始创业之前，我在大学里毕业以后被30多份工作给拒绝掉，几乎没有一件事情我被录取的。我觉得太麻烦了。我有时候看看李嘉诚先生，怎么那么厉害。看看比尔·盖茨、看看巴菲特，不得了。其实我现在跟他们熟悉后，我发现人都差不多。别人说我很厉害，其实我爸妈从来没有觉得我很厉害，我老婆更没有觉得我很厉害。远看都很好，近看都差不多。

但是有一件事情很有意思，为什么机会都是均等的？我那个时候天天抱怨盖茨、Larry Ellison 把机会全拿走了，要想做软件，出了一个微软，做硬件，IBM。要做商场，有一个沃尔玛，都比你大。所以没有意思了。但是细想一下，我为什么跟李嘉诚比、为什么跟比尔·盖茨比，人家吃过很多苦，我们应该跟隔壁的老王比、小张比，只要比小张做得好我就很高兴，我并不要让全世界用软件的人很高兴，只要让我们家的人高兴就好了。想明白就好。

这几年很荣幸，我这一辈子很感恩，最大福气我有机会认识了所谓这个世界上很了不起的商界最牛的人。交流过发现有一样事情一定要分享给所有年轻人，他们一定是很乐观地看待未来。第二，他们永远不抱怨，只检查自己的问题。第三，他们超越常人的坚持。没有这些素质你是走不远的。你首先要相信乐观，不乐观的人是不可能做创业的。所以我自己觉得，我算是一个乐观主义者。我看看边上那批企业家的大佬都非常乐观，永远相信未来比今天好。其实人类社会碰到的麻烦，每 100 年、每 50 年各种各样麻烦，但是人类社会永远一年比一年好。所以 2008 年金融危机起来的

时候，我跟很多同事讲，我说这是机会啊，终于让以前很厉害的人倒霉一下，轮到我们发点小财了。

其实大家去思考一下，很多时候不管你愿不愿意，今天再困难，十年以后成功的企业家一定比今天多，十年以后有钱的人一定比今天多，十年以后你发现很多人从来没有听说过的一定比今天多，人类总能解决问题。第二，我发现有一个事情，几乎所有成功者碰上麻烦、犯上错误后总是先检查自己，我这个没有做好，我得调一调。我这个不对。真正成功的人一定是改变自己的人，改变别人的事情少做。我以前跟很多年轻人一样，我要是总理的话，我肯定是怎么怎么；我要是总统的话，我必须这样这样。后来发现根本不是这么一回事情。其实改变世界的事情留给总统、留给总理、留给主席去干。改变自己显得更为重要。

这个世界好时候有坏企业，坏时候有好企业，所以我自己想明白这个道理，我爸想改变我将近 30 年，没有办法改变我。后来我自己花时间，我都冲动过，今天你们年轻人所干的所有事情我都想过、都干过。几年前在中国大陆有一个节目，赢在中国，我作为创业评委，很多年轻人说的臭的主意一出来，我想这些我都想过。但是很重要一点，检查自己、改变自己。

第三个，少抱怨。要听别人抱怨，你应该很高兴，这家伙在抱怨，我在干活。我小时候读书读不好一个最大问题在哪里，我发现读书成绩很好的人天天在外面玩，我说怎么每天玩，他说读什么书，玩就可以了。结果人家回家在读书，我傻乎乎回家还在玩。别人抱怨，机会就在抱怨之中。只要有人抱怨，这些方法去解决就可以了，其实说阿里巴巴最早就是来自于听见很多人说中国出口太难，所有出口的人都必须到广交会去，如果我们在想都要去广交会，连我们都申请不到去广交会的牌照资质，为什么不在网上做一个平台让大家直接在网上卖？就是这么一个想法就出来了。然后坚持坚持坚持走到现在为止。

所以我发现成功者很少抱怨。成功者抱怨到一定程度不是为自己抱怨，为同类抱怨，为同行业抱怨，但是不能幻想，要脚踏实地地去做。今天人家说阿里巴巴很了不起，其实这15年我们有1万次想过放弃，别弄了，最后想了想，已经走到现在了，再熬两天。很奇怪，很多事情你再熬24小时观点就变了。人要走没很容易，跑到高楼往前跨一步就没了。但是回去多难。我的坚持就在于每次碰到大麻烦、大困难的时候我睡一觉，明天早上想一想。坚持有的时候就这么简单，因为有的时候冲动的时候，边上人一讲你脑子一冲动，这个时候离开一下。大家都说放弃的时候花两分钟想一想，坚持的时候再花两分钟想一想。人的脑袋是给自己思考。这是我第三个点，机会其实是很公平的，只是你有没有看到。只是你是怎么做。有没有学习把握机会

的人，基本上是坚持了，基本上去乐观了，基本上是思考别人。

★ 第四个观点香港的机会和未来的机会

最近在中国大陆有一句话很流行，叫作"风来的时候猪都会飞"。这个猪，如果躲在很好的风口，风一来，猪都会飞起来。所以很多人天天在找风。哪个机会，扑到这个机会。其实风来了，猪都会飞。但是风过去了，摔死的都是猪。这些猪没有改变自己，不是创造自己猪该走的这条路，而你觉得别人成功，你想靠一个机会是不行。还有一批人是真正的猪，机会走过他都没有看见。再有一些人是机会到了手上变成了灾难。

今天我个人觉得香港，今天下午很多朋友问我你看我们香港年轻人还需要什么技能才能创业。我来香港机会比较多，我跟香港的很多年轻人交流，我们前一段时间有很多香港年轻人到阿里巴巴实习，跟他们交流过程中，我是没有底气的，我觉得他们知识面太好了，香港所处的地理位置，香港的劣势，香港对全球化所处的位置上金融、法治以及所有大学完善的教育，我认为中国大陆目前要具备这样素质的学生并不多。实事求是地讲，只是香港今天年轻人敢不敢往前跨一步。

今天香港的麻烦，全世界都有。欧洲没有这个麻烦？美国没有这个麻烦？还是日本没有这个麻烦？大陆没有这个麻烦？麻烦都在。我那个时候也有麻烦。我爸有他的麻烦，我爷爷有他的麻烦，每个 generation 都有麻烦。每一个国家和地区都有麻烦。尤其是现在，请问哪个成功的企业今天敢说他没有麻烦？我前两天麻烦还没有过去呢。对不对？

难道看到麻烦就跑了？看到麻烦你骂谁去呢？还得自己去解决。很多人在抱怨的时候，静下心来思考一下，我该继续抱怨下去？还是该改变自己？香港的机会我自己觉得，我不是来安慰大家，我也没有这个能力安慰大家。我只是告诉大家，今天一定比我 15 年前有机会，整个社会在发生巨大变化，整个互联网时代，数据时代，仅仅刚刚开始。这个社会正在从 IT 向 DT 时代转移。我不是一个学者，我也不是一个经济学家，但是我试图用一个观点来讲，未来 30 年人类社会的机会。

第一次工业革命，以英国的蒸汽机发明，实际上是释放了人的体能、人的肌肉力量、腿的力量。所以英国把握了这个机会，迅速崛起，英国迅速变得机械化。第一次工业革命诞生了大量工厂，英国打败了西班牙，打败了荷兰，迅速崛起。第二次工业革命以电为主的美国迅速又崛起，迅速变成了制造业的规模化、标准化、流水线、供应链管理、IT，诞生强大的公司机制还是释放人的体能。但是我

们现在很多人在问这个问题，高科技每次技术革命是消灭了就业还是创造了就业，其实第一次工业革命、第二次工业革命都创造了无数新型的就业。这次以 IT、互联网为主的是彻底释放人的脑袋。

你去想，释放人的体能都搞将近 200 年，释放脑袋都还没有开始。以前如果是一个制造的年代，今天是一个创造的年代。今天你必须掌握，香港年轻人记住，你今天懂得是你爸根本没有听说过的东西。我父亲跟我辩论了很多时候，我后来发现，我跟我的孩子错了，我老是指导孩子要这样那样，其实我后来发现今天年轻人懂得比我多，其实他不愿意和我争论而已，这是现实。今天在座很多，除了我们人生阅历和经历比年轻人好以外，我们当然有很了不起的人，但是绝大多数老年人是不如年轻人知识结构。互联网，你估计你昨天再牛，也虚脱了一半。IT 革命、数字制造业，所有一切的变化。

我们一直以为没有机会了，但是谁会想到在今天会诞生像腾讯这样的公司，在中国会诞生像百度、小米、淘宝这样的公司。出现 IBM 的时候，我想完了。这个世界出现一个微软。出现一个微软后我们根本不可能了，来了一个雅虎，雅虎之后来了一个 google，google 之后来了一个亚马逊，亚马逊之后来了一个 facebook，facebook 后来了一个阿里巴巴，阿里巴巴以后一定有层出不穷的公司，只是你愿不愿意把你理想，你愿不愿意找到一批有理想的人并且把它用行动实现，所有成功人都是这么走过。你如果想成功、如果想买得起房子，你也得这么走。不是可以呼吁呐喊出一套房子，一定是改变自己，改变别人之艰难，我今天反正连我的孩子都改变不了，我只想改变自己，因为自己改变了，世界才会变化。

最后讲一个跟创业没有关系的故事。我讲一个当年日本发生大地震，同时云南发生地震，我在公司里面，我们希望员工捐款，我们自己先捐，阿里巴巴给云南捐了300万人民币，给日本捐了300万人民币，我们公司内部的内网争论一塌糊涂，为什么给日本捐款？云南是不是捐少了，云南为什么跟日本一样？争论不休，有的人希望捐，有的人不希望捐。

我跟大家讲，第一，你捐款和不捐款都是对的。第二，我们今天捐300万人民币给任何人，你捐30元或者300元捐任何人都不能改变灾区的状况。你捐钱是你改变了自己，是你的一个行动改变了你，因为你的变化这个世界才会变化。所以我觉得如果你真的想创业，行动起来！我看了太多年轻人晚上想想千条路，早上起来走原路。无数的人劝我不要这样、不要那样你这样会闯祸，那样会惹麻烦，我在想15年我的麻烦已经够多了，我也不在乎再多惹一点麻烦。每个人创业就是一定改变昨天的状态。我想讲这样，

百分之九十五创业者死掉就失败了，你连听都没有听说。百分之四的人创业，你是看着他死的。只有百分之一的人能够成功。而这百分之一的成功的人一定有一个很强的团队，他们互相支持、共同努力，他们乐观、他们改变自己，而你，我可以告诉你，你一定必须做那样，否则你会死在百分之九十五，没有人看见的地方。